運気が整いラクになる！

あなたにかけられた「呪い」のとき方

社会心理学者
八木龍平

大和書房

プロローグ

モヤモヤを解消し、自由に生きるための「呪い」のトリセツ

突然ですが、質問です。

あなたは誰かに呪われたこと、あるいは誰かを呪ったことがあるでしょうか？

「そんなことあるわけない！」

本当にそうでしょうか？


たとえば「早くしなきゃ」「ちゃんとしなきゃ」と思って、しんどくなったことはありませんか？　これ、呪いにかかっています。

「これが呪い？」と意外に思われるかもしれません。「こんな感じのことよく思うし、これは自分で自分に言い聞かせている言葉なのだし」と。

この自分に言い聞かせている言葉、実は、元は誰かに言われた言葉です。「早くしなさい！」「ちゃんとしなさい！」と昔、親などに言われ、年を重ね、人から言われなくなってもなお、自分で自分に言い聞かせていることがあります。

こうした言葉の、どこが呪いなのでしょうか？　きつい口調で命令形だと呪いになる？　いえ、そうではありません。そうする理由や、具体的な対処法を説明しないと「呪いの言葉」になります。

というのも、ろくに説明されず、意味を理解しないまま行動していると、未来を先読みする力が乏《とぼ》しくなり、罪を犯しやすくなるのです。犯罪心理学者の出口保行さんによると、犯罪を犯した若者に共通するのは、先を読む力の乏しさ。

少し先の未来を予測する力が乏しいため、例えば「会社のお金を横領したら大変なことになる」と頭ではわかっているのに、「今がよければ」と手を染めてしまいます。

◉呪いは、「自分で考えて行動する力」を奪う

「早くしなさい」「ちゃんとしなさい」

こんな、先読みする力を育てない「呪いの言葉」を言われ続けた人は、ただ言われたから、その場しのぎでやるだけ。大人になり、誰かに言われなくなっても、今度は自分で自分に言い聞かせます。「早くしなきゃ」「ちゃんとしなきゃ」と。

そうやって自分で自分を閉じ込めて、一人で息苦しくなってしまうのです。

今、なぜ早くする必要があるのか？

「ちゃんとする」とは、「何をどうすること」なのか？

早くしたり、ちゃんとしたりは、今ここで必要なのか？

そうやって自分で考えて理解し、こうするのがよいと自ら判断したときに、実行できる。そんな**自分で考える力を育てることが「呪いにかからないための基本」**です。

裏を返せば、**「呪い」とは、他人に考えさせず、自分の言う通りに他人を動かすこと**です。だから「早くしなさい」「ちゃんとしなさい」は呪いだし、呪われ続けた人は、自由な意思があまりうまく働きません。

他人に言われたことを、よく分からないまま、ただ目先の損得だけで判断して実行する——そんな人間になりかねないのです。

◉「呪い」を解いて、自分を「封印解除」しよう

実は、日常会話にも「呪い」はひそんでいます。

例えば、「好きなことをしていい」と言われて、本当に好きなことをしたら、それはダメだと怒られて混乱した。そんな経験はないでしょうか？

本文でくわしく解説しますが、こういう何を選んでもダメで、結局、自分の好きに選べず閉じ込められるような状況は、典型的な「呪い」です。

「Aをしていいよ」→（Aをする）→「それはダメ」→（どうしたらいいか分からなくなる）ような状況をつくって、人を封じ込めています。

呪いは、人間の自由な意思や行動を封印します。

本書では、日常生活で誰かに封じ込められないように、**うまく逃げたり、封印を解除したりして、「自由に生きる」ための具体的な方法**をお伝えします。

◉リュウ博士が、今なぜ、「呪い」に注目するのか？

何だか最近、世の中がギスギスしている気がする。昔よりも息苦しい世の中になっているんじゃないか。

そう感じたことはありませんか？

ここで私が、なぜこの本を書こうと思ったのか、お伝えさせてください。それは、**ある「危機感」があったから**です。これから先、世界はますます呪いにあふれるし、すでにもう増え始めています。

私が、そう考える根拠を説明させてください。

２０１４年5月、「２０４０年までに全国の市町村の約半数が消滅する可能性がある」という、通称「増田レポート」が発表され、大きな波紋を呼びました。20～39歳の女性人口が２０１０年の半分以下に減少する市町村は、１７９９市区町村

（福島県を除く）の約半数の896あると予測されたのです。この発表を受けて、宗教学者の石井研士氏（國學院大学神道文化学部・教授）は、消滅しかねないとされた市町村に、神社やお寺がどれだけあるか試算しました。

石井教授の試算では、神社全体の41％、お寺全体の32％が、2040年までに消滅危機に瀕《ひん》する市町村にあるとのこと。この試算は悲観的すぎるかもしれませんが、これから多くの神社仏閣がなくなりますし、すでに経営難や後継者不足などでなくなり始めています。

「だから何なの？」と、これを聞いて思うでしょうか。

「自分も神社仏閣は好きだから、なくなるのは残念だけど、でもそれで、なんで呪いが増えるの？」と疑問に思う方もいると思います。

データに基づく根拠ある話をすれば、神社仏閣がなくなった地域は、地域愛が薄れ、人への信頼が減り、助け合いの人間関係が減ります。周りの人間は誰も信用できないし、誰も助け合わない。そんな人間不信に満ちた社会になります。

「このままではいけない」

予測通りに市町村が消滅し、神社仏閣も消滅すると、これから20年で呪いが爆発的に増えます。信頼関係の乏しい社会は、人をだましたり、他者を一方的に利用したりするなどの行動が増えると予想されます。ネガティブな想念や呪いのコミュニケーションが急増して、人々の幸せは減り、不幸が増えるでしょう。

地方消滅に伴い、大量に増える「呪い」への対策は急を要します（神社仏閣が維持できればいいのですが、そのためには多額のお金が必要です。現代日本は無宗教が当たり前。また、国家が特定の宗教を支援することは日本の憲法上不可能ですから、国家や市民の多大な支援は期待できません）。

◉誰でも実行できる、科学的な「呪い対策」、あります！

神社仏閣に頼らない、個人にできる「呪い対策」は存在するでしょうか？

はい、存在します。また、その呪い対策は、霊能者のような特殊な存在を持ち出す必要もありません。

幸いにして、心理学や脳科学の発展で、過去、オカルトやスピリチュアルの領域とされていたものが、かなり理屈で解説できるようになりました。

理屈さえわかれば、「呪い対策」は誰でも実行できます。例えば、神社仏閣がなぜ人間関係によい影響を及ぼすかというと、敷地内の「森林」の存在が大きいです。**森林浴には、人間のストレスを軽減する効果があるから**です。**だったら、森林と似た環境を家やオフィスで再現すればいい**わけです。植物を部屋に置く、森林と似た効果をもたらす空気清浄機を設置するなどすれば、**自分の部屋が〝神社化〟します。**部屋を、緑あふれる公園のようにすればいいのです。

◉「呪いの正体」を知り、呪いにかからない自分になる

呪いの厄介なところは**「感染する」こと**です。

本文でも解説していますが、他人が怒ったりイライラしたりしていると、それを見た自分まで気分が悪くなること、ありませんか？

これは、他人のストレスが伝染しているせいなのです。その他人が、自分と親しい人なら、なおさらダイレクトにストレスが伝染します。ストレスは呪いの原因に

なりますし、呪ったり呪われたりすることで、さらにストレスが発生します。

また、現代は呪いの言葉がインターネットやSNSで拡散しやすくなりました。ネガティブなニュースほどよく読まれるように、邪気を帯びた言葉は拡散されやすいのです。

私は現在、48歳。かつて新聞を読んでいたように、インターネットの主要サイトでニュースを読む習慣がありますが、こんなに多くの呪いの言葉（悪口）を目にするのは、人生で初めてです。私が20代を過ごした2000年代のインターネットは、悪口がとびかう場がある一方、ほのぼのした空間も多く、また公共空間のような安全さがありました。しかし、今はそうではないように見えます。

邪気を含んだ呪いの言葉は、いわば「コミュニケーションウイルス」です。病気のウイルスやコンピュータウイルスと同じく、目には見えませんが、次々と他者に感染し、症状が重くなると、心身の健康など深刻な問題にまで発展しかねません。

インターネットを利用する限り、呪いの言葉に一切触れないのは困難でしょう。

ただ、ご安心ください。

呪いも、しっかり感染対策をすればいいのです。

本書では、呪いとは何かを明らかにした上で、それに対する免疫力を向上し、「感染しない・させない」仕組みをお伝えします。

この本を読んだら、もう呪いは怖くありません。呪いに感染しないし、感染しても自ら呪いを解けるようになります。自分の呪いを解く人が増えれば、社会全体にかかった呪いも自然に解かれます。

今日から、あなたも私も呪術師《シャーマン》です。

リュウ博士こと八木龍平

目次

2章 呪いをもらわない基本の仕組み

目次

3章 呪いをもらわない基本生活

目次

4章 日本古来の「いい呪い」にかかろう

5章 みんなの「封印解除」につながるお話

目次

1章 呪いの免疫力を強化する

私が受けた母からの呪い——「お前は何も取り柄がない」

「お前は、何も取り柄がない」

幼少期に、母からくり返し言われていた言葉でした。当時はその否定的な意味がピンとこなくて特に何も思いませんでしたが、今ならわかります。

あれは「母の呪い」だったのだと。母は呪いにかかっていて、私にもその呪いを感染させようと頑張っていたのだなと。「私には取り柄がない」という呪いです。

「呪い」の意味を、辞書で調べてみました。

「呪《のろ》う：1 恨みや憎しみを抱いている人に災いが起こるように神仏に祈る。また、災難がふりかかったり、失敗したりするように願う。2 強く恨む」（goo辞書より）

これ、よく考えると不思議な表現です。少し考えればわかりますが、神仏に呪いの祈願をしたら、呪った人自身に罰が当たります。

神仏に呪いの祈願をするというのは、たとえるなら、警察署にのこのこ出かけていって、堂々と犯罪の依頼をするようなもの。それくらい異常な判断ですから、呪った人にこそ災難がふりかかる可能性が大きいわけですね。

◉「自分は何をやってもダメだ」という思い込み

「取り柄がない」の呪いにかかると、「自分は何をやってもダメだ」という思い込みができあがります。「取り柄がない」とは、他人と比較して優れた所がなく、劣っている所だらけなこと。

私は、母の言葉を真に受けて、こう考えるようになりました。「自分には取り柄が何もないのだ」と。**その結果、生きることへの危機感が人より強くなったようです。**自分は、人よりスペックの劣った武器や身体能力を持って戦場に立っているようだと感じ、この状態は危険だと認識したわけですね。

人より劣っているのなら、まともに戦うなんてもってのほか。幼い頃は、「もし戦争になったら、どうやって徴兵《ちょうへい》を逃れようか？」とよく考える子供でした。ピンチを脱出するために。

◉「普通の選択」をしたら失敗する？

私はまず、「みんなと同じように普通に行動したら、絶対に危ない」と思い込みました。何せ、取り柄が何もないのですから、みんなと同じ「普通の選択」をしたら、力不足で、必ず失敗するはずです。

結果、危なそうなことを避ける回避能力がやたら高くなりました。危ない橋を渡れるのはスペックの高い人だけ。とにかく徹底して逃げようと決めたのです。

次に、周りのみんなが普通に選択することとは「違う道」を考えるようになりました。だって、みんなと同じ道を進めば、それだけたくさんの人が参加する競争に参加しなければなりません。競争率が高い状況でうまくいくのは、取り柄がたくさんある、スペックの高い人だけだと考えたからです。

「取り柄が何もないスペックの超低い私が、いかにサバイバルするか？」

幼い頃からずっと考え続けてきた問い。この問いの答えには、小学生の運動会で気づくことになります。紅白に分かれての騎馬戦をやっていたときのことでした。

騎馬戦がスタートすると、紅組の騎馬と白組の騎馬は前進して、中央で衝突します。

この様子を観戦していたとき、ひらめいたのです。

「スタートしなければいいじゃないか」と。

みんなが前進するときに前に進まず、右とか左にゆっくり行って、後はじっとしていればいい。そうすれば、戦わずとも余裕で生き残れます。

取り柄がない私は、どうせ戦っても負ける。だったら、誰とも戦わず生き残るのが最善です。

このとき私は、自分の人生の目標を「平穏無事に生き残ること」に設定しました。取り柄がない人間にとって、学校や社会が用意する全員参加の競争ゲームなんて、どうやっても負けるクソゲーです。だったらそんなゲームに参加しないで、一人別のゲームをやればいい、と気づいたからでした。

※クソゲー：「クソゲーム」の短縮形。つまらないゲームや、初めから詰んでいるようなゲームを酷評《こくひょう》する際に用いる言葉。

◉「クソゲーへの招待状」

「お前は、何も取り柄がない」としつこく言ってきた母は、〝普通〟へのこだわりも強く、全員参加の競争ゲームに、（うまくいかないと予想しているのに）私を強制的に参加させようとしました。**「呪いは、クソゲーへの招待状」なのです。**

それで私が失敗して、母が喜ぶなら、呪う意味はわかります。が、呪った本人も苦しむことになる状況ですから、完全なクソゲーです。

「人を呪わば穴ふたつ」は本当で、呪いが成功したら、呪った人も呪われた人も、一緒に不幸になる。

そんなクソゲーへの招待状は、破り捨ててシュレッダーに放り込みましょう。

呪いは、あなたを封じ込める

「呪《しゅ》とはな、ようするに、ものを縛ることよ」（小説『陰陽師《おんみょうじ》』〈夢枕獏、文藝春秋、1988〉より）

平安時代の陰陽師・安倍晴明の台詞で、晴明は友人の博雅に、「この世で一番短い呪とは、名だ」と語ります。

呪＝しゅ。晴明の持つ技術で、「まじない」ですね。

「のろい」と「まじない」は、どちらも漢字では「呪い」と書きます。それだけに、基本は同じです。その基本とは「縛ること」。

「名」で縛るとは、氏名や肩書きなどで、物事のありようを定めること。

「学生です」→この人は学校で勉強している

「社会人です」→この人は働いている

等、名が付くことで「この人はこういう人」と、一定のイメージが定まります。

魚屋、弁護士、広告代理店の営業など職業名なら、仕事の内容が定まります。

その中で「呪《のろ》い」とは、**「誰かのありようを、災いや不幸が起こる形に、縛りつけること」**（以下、「呪い＝のろい」で読み進めてください）。

要するに、誰かを、身動きが取れなくなるほど「封じ込める」わけですね。

◉「イジメ」は立派な呪いの一種

呪うのは、何も陰陽師だけではありません。一体どこで学ぶのか、子供の頃から一般人も呪いの技術を身につけています。

例えば、昔、テレビドラマなどに登場したイジメというと、机に「死ね」など悪口の落書きをする、葬式で供える菊の花が入った花瓶を机に置くなどをイメージしますが、これらは典型的な呪術です。机の使用者に、「死」という災いが起こるよう願う呪いですね。机の使用者は、精神的に身動きが取れなくなり、消えてしまいたくなる気持ちへと誘導されます。

仮に本人に知られないように、陰で「あいつマジ死んで欲しい」と一人思う程度では、呪いの力は極めて弱く、ほぼ存在していないレベルです。

しかしイジメの例のように、多くの加害者が「我々はあなたに死んで欲しいと願っているのですよ」と被害者に（暗に）メッセージを伝えてくる場合、呪いの「縛る力」は強力になります。

●「呪いのパワー」が強まるとき、弱まるとき

呪う技術は、言葉で嫌味や陰口、悪口を言うような間接的な攻撃のことです。殴《なぐ》る蹴《け》るなど肉体を使って直接攻撃するのは、呪いではありません。

精神に異常を起こす攻撃が、呪いです。また、被害者が「私は呪われている」と

思えば思うほど、呪いのパワーは強力になります。

「私に災いがあって欲しいと望む誰かがいる」と、被害者に〝想像させて〟、〝思い込ませる〟のが呪いの技術です。

「私を呪っている人がたくさんいる」「私に不幸になって欲しいと思っている人がたくさんいる」（と思い込めば思い込む）ほど、呪いの力も強くなります。

逆に言えば、「そんなの気のせいだよ」「自分には関係ないよ」と本気の本気で思えるなら、呪いにはかかりにくくなります。

呪いという名の感染症。対策は「逃げる」

呪いは感染症のようなものです。どういうことか、これから順を追ってご説明します。

この章の冒頭でお話しした、私自身の例を思い出してください。

少年時代の私に本当に何も取り柄がなかったのかどうか。これには疑問の余地があります。というか、客観的に見ればそんなことはなかったと断言できるでしょう。これは別に「私だから」ということでなく、すべての子供に当てはまることです。

今にして思うと、呪いの言葉「お前は、何も取り柄がない」は、その言葉を発した母自身が「自分で自分に言っている言葉」だったと思われます。

つまり、彼女は「私には、何も取り柄がない」と思っていて、でもそのことには向き合いたくなくて、身近にいる自分の一部とも言える人間に「お前は、何も取り柄がない」とぶつけていたわけです。

◉呪いは人から人へ伝染する

要するに、呪う人は、自分自身の課題を、「これはあなたの課題だ（私のじゃない）」と他者に押し付けます。

自分の課題だと認めるのは苦しい→そんなものはないとフタをしようとする→でも消えてくれない→他人に押し付ける……の流れです。

ただ当然ながら、押し付けられた人も、そんな厄介なものは受け取りたくないですから、他へ押し付けられるものなら、押し付けようとします。

まるでババ抜きのジョーカー状態ですね。

そうやって呪いは、感染症のように拡大し、子孫など後の世代に継承されます。

この呪いの感染と継承、どこかで断ち切る必要があります。私に呪いの言葉を投げかけた人達も、元をたどれば「呪いの被害者」。大元までさかのぼると、千年以上も昔にたどりつくでしょう。呪いの本質は、人類が抱える課題であり、苦しみなのです。

ですから、**呪いの言葉を「自分がダメだからこんなことを言われるんだ！」と受け取って、自分をおとしめる必要は全くありません。**人生の先輩やご先祖さまが解決できなかった課題・解消できなかった苦しみが、今たまたま、あなたにまわってきただけ。

課題ですから、解決すれば呪いは解けます。

悩み・苦しみならば、解消すれば呪いは解けます。

もしあなたが解決・解消に失敗したとしても、今までの人はみんな失敗してきたわけですから、気に病む必要はありません。気楽なものです。

◉リュウ博士が「逃走」をおすすめする理由

冒頭でも触れましたが、「何も取り柄がない」の呪いをかけられた私は、それが本当なら大ピンチだと危機感を感じたことで、動物としての本能が活性化し、闘争・逃走反応にスイッチが入りました。

呪いの課題を解決する方法は、闘争か逃走。実質は「逃走」の一手です。

例えば「死ね」の呪術をかけられた場合、課題は「殺されてしまう！」ですから、闘争を選ぶなら、本当の意味で戦争です。日本社会では、そうした闘争は一般に認められない行為ですから、一般人たる我々の選択肢は「逃げる」しかありません。

呪いへの対処法は、感染症対策と同じです。

感染症なら、感染源から、逃げる、避ける、遠ざかる。
呪術なら、呪う人から、逃げる、避ける、遠ざかる。

また「呪われた」からといって、必ずしも呪いにかかるとは限りません。ウイルスに感染しても、免疫力が高ければ、不調の症状が出ないのと同じ理屈です。

「呪いにかかった」＝「災いや不幸が起こる形に縛りつけられた」です。

だから、呪いにかかりにくくなる「呪いの免疫力」が大事です。

呪いの免疫力を高めるには、呪いにかかるパターンを知ること。**呪いのパターンを知れば、「呪い返し」も即座にできるようになります。**

次から、よくある呪いのパターンをご紹介しましょう。

なぜ「あなたのため」は呪いなのか？

「あなたのためを思って言っている」という言葉の後、何かイヤなことを言われたことはありませんか？

呪いのパターンでよくあるのが「**あなたのため**」です。

そもそもですが、**本当にその人のためになるなら、わざわざ「あなたのため」なんて言いません。**言い訳として「あなたのために」と言うのです。「あなたのためを思って」と言いつつ、本音は自分に都合のいい形にあなたを縛り付けたいだけなのですから。

「あなたのため」の呪い返しは、相手にそのまま返すことです。

「あなたのためを思って言っているんだよ」

←（呪い返し！）←

「（私のためではなく）あなたのためを思って言っているんですね」

呪い返しの基本は、呪いの言葉を、そのまま単純にひっくり返すこと。

ただし、呪いを向ける対象を、「私」ではなく「相手」にするのです。オウム返しみたいなものです。

この呪い返しを（心の中で）した上で、「これって、本当に自分のためになるか

【呪いの言葉は即座に「跳ね返す」】

なあ」を冷静に考えてください。もしプラスになるなら、アドバイスだと思って受け止めて、素直に実行するのもいいと思います。別にマイナスがない場合も、むしろプラスになる場合もあるでしょうから。

だから、イヤなことを言われても「そうは言っても、本当にこちらのためを思って言ってくれているのかもしれないしなあ」と、慎重に考える方もいるでしょう。実際、「これは呪いなのか？」「そうではないのか？」と迷うのは、誰しもよくあることです。

そこで、呪いのパターンをより深く理解するために、次のページからさらに具体例を挙げます。

「結婚しなさい」が呪いになるとき

母親が娘に対して「結婚しなさい」と迫ったとします。このとき、誰と結婚すべきか、迫る言葉にはいくつものパターンが考えられます

呪いかそうでないかを見分けるために、「○○と結婚しなさい」をいくつか並べてみましょう。いずれも、私が実際に聞いたことのある例です。

「公務員と結婚しなさい」
「やさしい人と結婚しなさい」
「本当に好きな人と結婚しなさい」
「医師か弁護士と結婚しなさい」
「年収1千万円以上の人と結婚しなさい」

さて、どれが呪いの言葉で、どれが呪いではない助言でしょうか。

まず、次の2つは、呪いの言葉ではありません。純粋な助言です。

「やさしい人と結婚しなさい」

「本当に好きな人と結婚しなさい」

次の3つは、呪いの言葉です。もちろん、いずれも建前は〝娘のためを思って〟言っています。

「公務員と結婚しなさい」

「医師か弁護士と結婚しなさい」

「年収1千万円以上の人と結婚しなさい」

この2つのパターン、一体何が違うのでしょうか？

◉「助言」と「呪い」の簡単な見分け方

呪いじゃない助言は「主観的で精神的な条件」です。

呪いの言葉は「客観的で物理的な条件」です。

呪いじゃない純粋な助言は、あなたへの信頼が基本にあります。

「やさしい人」「本当に好きな人」かどうかは、あなたの主観が判断すること。あなたが「やさしいな」「好きだな」と思う人と結婚してってことですから、あなたの主観で決めていいと言っていますよね。

そして、「やさしさ」や「好き」というのは、精神的なものです。

つまり、あなたの心や感性をもっと働かせようと促しているわけですから、「縛り付ける」の逆。**あなたへの信頼がある言葉は、あなたの心や感性を解放しようとします。**

では、「客観的で物理的な条件」は、どうでしょうか。

「公務員」「医師か弁護士」「年収1千万円以上の人」かどうかは、「赤の他人」でも判断できます(まあ、確実に判断するなら、探偵に依頼しての身元調査が必要かもしれません)。

誰も信用できない「不信の呪い」

職業や年収は、客観的・物理的な条件ですから、結婚相手を選ぶ際に、子供の主観は完全無視している、ということ。

もし親御さんが身元調査をするような場合は、わが子の主観を信用していないだけでなく、結婚相手候補の方のことも、全く信用していません。相手の人柄やお互いの愛情など、精神的な部分をすべて無視です。

これは、人への不信が根本にある呪いのパターンです。

人への不信があるから、まず客観的・物理的な条件ありき、になるわけです。

「(職業・年収)と結婚しなさい」には、「人を信じるな」「あなたを信用していない」というメッセージが隠れているわけですね。

「私はあなたのことを信じていない」
「あなた自身の心や感性を信じるな」
「世の中の人間みんな信じるな」と。

そんな不信の世界にあなたを縛り付ける、「不信の呪い」です。

これは裏を返すと、呪いのメッセージを発信した人自身が、誰も信じていない、不信の世界の住人なわけです。ここから、次の公式が成り立ちます。

「呪う人」＝「呪われている人」

不信の呪いにかかっていたら、誰と結婚しようと幸せにはなれないし、世の中に幸せな人は存在しないし、そもそも幸せの存在そのものを認めないくらいに無意識に思っているでしょう。

ちなみに「早く結婚しなさい」も、時間という客観的・物理的な条件で縛ろうとしていますから、これもやはり「不信の呪い」に含まれます。

◉「不信の呪い」にかけられたら、どうなるか

「不信の呪い」をかけられると、心がギュッと縮みます。心が何かできつく縛り付けられたような感覚になります。

この「不信の呪い」の呪い返しの方法をご紹介しましょう。それは、

「今、私が感じている感覚は、私の感覚ではない」

と心の中で宣言することです。

こんなプロセスで、呪い返しをしてみましょう。

「公務員と結婚しなさい」

←（呪い返し！）←

「……」

（苦しくて心がギュッと締め付けられる……。なるほど、今、自分が感じている感覚・感情が、この人の感覚・感情かあ）

（この感覚・感情は私のものではありません。キャンセル、キャンセル、キャンセル）

実際、これはあなたの感覚とは違います。「不信の呪い」をかけてくる人は、そもそもその人自身が、「不信の呪い」にどっぷりかかっているのです。

この「不信の呪い」への免疫力は、人との信頼関係を構築することで高まります。

自分への信頼、他人への信頼、どちらでも構いません。もちろん両方でもいいです。

「感謝」は、呪いを防ぐ最高の免疫力

信頼関係を構築する基本は、「感謝すること」「感謝されること」です。

感謝の習慣が呪いを防ぐ理由については、人間の欲求に関する研究を知ると理解できます。

人の欲求には「不満を減らす欲求」と「満足を増やす欲求」の2種類あり、両者は関心の方向性が全く異なります。

◉「不満」を減らしても幸福にはなれない

アメリカの臨床心理学者ハーズバーグによると、仕事の満足は「能力を発揮する」「感謝される」など仕事内容そのものから生じるのに対し、仕事の不満の出どころは「給料」や「作業条件」など、仕事の環境にありました。

つまり**「満足＝幸せ」**は精神的なことから、**「不満＝不幸」**は物理的（肉体的）

なものからくるわけですね。

「不満＝不幸」を減らしたからといって「満足＝幸せ」はしません。また「不満＝不幸」があまりに大きいと、「満足＝幸せ」を追求できません。

先に紹介した呪いの例「(職業・年収)と結婚しなさい」は、「不満＝不幸」に焦点を当てた発言でした。このことから、呪いの免疫力は、精神的に満足する経験を重ねるほど高くなることがわかります。根本的には、**自分がどんどん幸せになればいいいし、周りもどんどん幸せになる応援をすればいい**ってことですね。

感謝すること・されることは、「満足＝幸せ」を高めます。自身の「満足＝幸せ」を高め、周りの「満足＝幸せ」も高めます。

ですから、**「呪いを防ぐ基本」は、「ありがとう」**。

感謝したり、感謝されたりするほど、呪いから遠ざかります。

「不信の呪い」にどっぷりかかっている人の呪いを解くのは困難です。だからこそ、自分が不信の呪いにかからないこと、そして他人に不信の呪いを広げないことが対策の基本になります。

神社仏閣がはぐくむ「人間への信頼」

他人や自分との信頼関係を構築する方法の応用編をご紹介します。それは、神社仏閣への参拝です。

大阪大学の大竹文雄教授（現・特任教授）らの調査によると、小学生の頃、自宅の近所や通学路に神社仏閣・お地蔵さんがあると、幸せになりやすいとのこと。

幸せをもうちょっと具体的にいうと、**神社仏閣・お地蔵さんは、「与え合いの人間関係」を築く効果があります。**固い言葉でいうと「互恵性《ごけいせい》」。お互いに利益や恩恵を与え合う関係、親切や好意に対し、親切や好意で返す関係のことです。

つまり、神社仏閣お地蔵さんの存在は、本当の意味で、「あなたのためを思って」ができる人間関係をはぐくむのです。

別の統計調査でも、神社仏閣のある地域は、地域愛が高まると報告されています。地域愛が高まるには、住民が「うちの地域の人はよい人だ」と思える必要があります。となると、神社仏閣は、人間への信頼を高める作用があると推測できます。

◉「祈りの姿勢」は「感謝をあらわす姿勢」でもある

「丑《うし》の刻参り」の呪術があるように、神社仏閣は呪いの舞台となるような、怖いイメージをお持ちの方もいるでしょう。

※丑の刻参りとは：丑の刻（午前1時—3時）に神社に参詣し、自分が呪う人をかたどった「わら人形」を木に釘で打ちつけること。京都の貴船神社が発祥の地とされ、平安時代から行われていたとされる。ただ、元々の意味は、貴船神社の神様が降臨する「丑の年の丑の月の丑の日の丑の刻」に参詣すると願いが叶うというもの。決して、神社が呪いを推奨していたわけではありません。

ただ、統計的な調査を見る限り、基本的に神社仏閣は呪いの舞台どころか、「呪いを減らす」存在だとわかります。

参拝するとき、誰もが手を合わせ、頭を下げます。**この基本的な祈りの行為は、まさに感謝をあらわす動作です。**実際は、神社仏閣やお地蔵さんに参拝した結果、与え合いの人間関係が促進されるわけですから、参拝するときに誰かに感謝し、そして誰かからの感謝を受け取っているのかもしれませんね。

呪いは「愛と憎しみ」によるコントロール欲求

「何となく身体が不調。でも、病院にいっても原因不明といわれる」

こんな経験、あなたにもあるのでは？　その原因不明の体調不良、ひょっとして呪いのせいかもしれません。

医者に対応できない病気としてマレーシアで恐れられているのが「愛の呪術」「憎しみの呪術」です。

以下、横浜市立大学の板垣明美准教授が行ったマレー人の農村の民間医療に関する14カ月の現地調査をもとに、呪術についてお伝えします（参考文献『癒しと呪いの人類学』春風社)。

まず人間は、身近な他者の恨《うら》み、妬《ねた》み、欲望を受けて病気になることがあると、マレー人の農村では考えられています。

そして「呪術」とは、

「自分の思い通りに他者の心身を操作したい人が、意図的に用いるもの」

「心身を操作する手段として、呪文や呪具、邪霊、儀式、毒物などを用いる」

(毒物を使うのは犯罪です!)

ちなみに心身操作の手段として、おのれの体内物質にある神秘的な何かを用いるものは「妖術」として区別されます(「体内の神秘的な何かって何やねん!」とツッコミたくなりますが、生まれつき身体に特殊を持ってあらわれる人がいると考える文化もあります。特殊な身体とされた人は、中世ヨーロッパの魔女狩りのように排除され、殺される可能性もあります)。

要するに、「あの人を思い通りにコントロールしたい」という誰かの意図があれば、その意図は呪いであり、呪っている人の用いる方法は呪術だと判断されるわけですね。

◉「愛の呪術」と「憎しみの呪術」

呪術の原因は大きく2タイプあるとされ、一つが憎い人を不幸にしようとする「憎しみの呪術」、もう一つは好ましいと思っている人の心身を自分に引きつけようとする「愛の呪術」です。

憎しみからでも、愛情からでも、他者の心身を思い通りにコントロールしようと意図的に働きかければ「呪術」とされます。

医師による化学療法で改善せず、呪術によるものと判断された病気は、特色があります。その特色とは、「人間関係の不具合」です。

呪術にかかったとされる人の多くは、人間関係に難しい問題を抱えていたのです。

身体の不調に加えて、行動の異常が見られ、その行動異常の約50％が対人行動の異常でした（例：物を破壊する、訳もなく離婚したい、話さない、引きこもり、帰宅拒否など）。

呪術の治療は、この人間関係の問題解消も含まれます。くわしくは後で申し上げますが、呪術にかかった人たちは、人間関係を変える重大な決断（会社の経営方針の変更や転居、就職、転校、離婚、恋人との別れなど）をして、病状を回復させます。

呪った犯人に絶対仕返しをしてはいけない理由

マレーシアで呪術を治療するのは、「ボモ」と呼ばれる伝統的な祈祷師です。中でも、人がしかけた呪術の治療を行うのが、郡に一人程度しかいない大ボモ（板垣氏の調査では、みな１００歳前後の高齢男性）。偉大な治療者として、大ボモは尊敬されています。

村の祈祷師の治療というと、非科学的な迷信のように思う方もいるでしょうけど、実際は極めて理性的な対応で、現代日本に住む我々にも大いに参考になるものです。

病人が呪術にかかったと診断されたら、本人とその家族・親族は、恨まれた背景を話し合います。誰が呪術をしかけたのか？　なぜ呪われたのか？　病人たちがつくった人間関係や、過去の判断の問題点は何か？

大ボモはその議論の場をつくり、対話を促します。

大ボモが取り組む事例は、例えばこういうものです。

【病人が男性社長の事例】

彼が経営する会社に、知人の二集団が採用の希望を出した。募集は限られるため、一方の集団を雇用したが、雇われなかった集団には不満がたまった。その中で彼は脳血管障害と見られる発作で倒れ、両手や言葉の不自由などの後遺症が残った。なおこの男性社長は、妻と恋人との三角関係も抱えていた。妻と恋人、どちらかの要求を満たせば、もう一方の女性との良好な関係は終了し、家族も男性を非難する。

【病人が既婚女性の事例】

彼女はある男性と結婚したが、結婚前に付き合っていた恋人を忘れることができなかった。悩み続けるうちに、夫の顔が動物に見えるといって、夫を恐れるようになった。結婚生活を維持するためには夫に近づかなければいけないが、動物の顔をした夫が恐ろしくて、彼女は近づくことができない。

【病人が女子学生たちの事例】

彼女たちは男女交際を厳しく禁止する教師と恋との狭間に置かれ、交際した男子学生は退学させられた。また親の希望で宗教学校に入学していたため、学校に行けば教師との不和、学校を辞めれば親との不和、という出口のない状況下にあった。彼女らは、倒れて叫ぶ、ひきつけを起こす、学校の窓ガラスを割る、教師に襲いかかるなどの発作を起こした。

◉コミュニティ平和のために禁止されていること

大ボモの呪術対策で、一つ大事な基本方針があります。**呪いをかけた人に制裁を加えないことです。**つまり、仕返し禁止です。「呪術をしかけた・しかけられた」と安易に人に言ってはなりません。村人が「あの人は私に呪術をしかけた」などとうかつに告発すれば、むしろ告発した側が異常者とみなされます。

なぜかというと、呪いの告発を認めると、危害を加え合うことにつながりかねません。**「仕返し禁止」のルールは、コミュニティの崩壊を防ぎ、平和な村であり続けるために大事なこと**と、村人の多くが理解しているのです。

ボモは、呪術をもちいた可能性がある人の名前を病人に言わせた後（外部に名前は伏せます）、「悪意があって呪ったわけではないので仕返しをしてはならない。本人に出会っても平静を装うように」と病人に注意します。「注意を守らないと、治療の効果は出ない」と釘《くぎ》まで刺します。

呪術的世界は、あくまで「裏の世界」として完結させ、日常生活に出しません。

コミュティ全体での「呪いの増加」を防ぐためです。

日本社会の「呪いの免疫力」を高めるために、こうしたマレーシア農村のやり方を参考にしたい所です。

あなたの「呪われ度」をチェックしよう!

さて、ここまで読まれた皆様なら、「呪いの免疫力強化」をしたいですよね?
免疫力を高める基本として、あなたの現状を確認しましょう。
題して、「あなたの呪われ度チェック!」
あなたが今、どの程度呪われていそうか、以下の質問に回答し探ってみましょう。

◉当てはまる項目はありますか?

□職場にどうしても行きたくない(学生なら、学校に行きたくない)。

□朝、寝たまま起き上がれない。
□家から出られず、引きこもりがちだ。
□家や職場で落ち着いていられず、すぐウロウロする。
□人によく怒ってしまう。
□思い通りにならないと、他人に八つ当たりしがち。
□胸がしめつけられたり、ふさがれたりする感じがする。
□体が重く感じる。
□すぐ疲れる。
□片付けられず、部屋や仕事机は散らかしっぱなしだ。
□他人が楽しそうにしているのを見ると、イライラする。
□悪い結果につながるとわかっているのに、やめられないことがある。

1個も当てはまらなければ、呪われ度（呪いにかかっている度合い）ゼロ！呪われていないか、もしくは、呪われていても呪いにかからないくらい免疫力が高いでしょう。半分（12問中6個）以上当てはまった人は、呪われ度が高そうです。

◉悲しいときは、「呪われている」かも!?

呪術にかかったとされる人たちの事例を読むと、「悲しいときの態度」と共通するものが多いことに気づきます。つまり、「呪いにかかる」≒「悲しみにくれる」状態。全く同じとまでは言いませんが、かなり重なるものがあるのです。

実際、先で触れたマレーシアの民間医療の調査でも、呪術による病気と判断された人たちの多くは、あっちを立てればこっちが立たずといった、出口の見えない人間関係に苦しんでいました。

私も、「どう動いても詰んでしまう（行き詰まってなすすべなしの状態になること）なら、どうしようもないと絶望して動けなくなるか、感情のままに意味不明な暴れ方をするしかないかもなあ」と思ってしまいます。

要するに、「人間関係で詰んでしまった」≒「呪われてしまった」なのです。

この「詰んでしまった」とは、第三者が客観的に見て思うこと。この第三者的な見立てを、呪っているかもしれない人たち自身が認識すると、何とかなることが多いです。だから、大ボモのような、権威と信用ある第三者の存在は、たいへん重要かつ貴重なのですね。

呪われ度チェックで「私、危ないかも！」と少しでも何かを感じた人は、可能なら、その危ない状況を、あなたの周りの「長老的存在」に相談してください。

また、心理カウンセラーも次善の策としていいです。大ボモの呪術治療法は、臨床心理学の専門知識がある人、特に家族システム論のような人間関係の変容にアプローチする方法を知る人なら、なじみがあると思います。

「呪いは、心理学でかなり対処できる」といってよいでしょう。

ただし、心理カウンセラーの場合、大ボモのように、他人の家族問題に介入できるような権威や信用はありません。それでも対応する知識だけはあるので、ご相談するのもよいでしょう。

もちろん、一番手っ取り早いのは、本書でまず「呪いの免疫力」を高めること。大学の相談室でカウンセリングを受けるのは、心理的なハードルが高そうですしね。

では、呪いにかかる典型的なパターンを、これからさらに解説します。

呪いの言葉パターン①
「ちゃんとしなさい」

「ちゃんとしなさい」
よく聞くお説教ですが、これにも呪いのパターンがひそんでいます。

親「ちゃんとしなさい」
↓
子（ちゃんとできない、間違う）
↓
親「だから、ちゃんとしろって言ったじゃないか！」

考えてみたら、ちゃんとしろって、一体何を、どう〝ちゃんとする〟のか不明です。「具体的に何をどうすればいいか不明な命令で怒られる」も呪いのパターンです。**人を動けなくさせる言葉だから**です。

◉野球の落合さんが新人時代悩まされた「呪い」とは

プロ野球で3冠王を3度獲得し、名監督でも知られる落合博満さんが、自身のYouTubeチャンネルで、新人時代の人間関係の大変さを、こう振り返っていました。

「1年目はトレーナー室に入って行くの大変だったもん。失礼します！　って入って行くと、お前うるせぇなって言われるし、黙って入って行くと、お前あいさつねぇのか！　って言われるし。じゃ、どっちなんだよ」と先輩たちの態度をぼやいていました（参考：落合博満のオレ流チャンネル「【壮絶】昔の野球環境が現代と違いすぎてスタッフ驚愕」）。

あいさつしたら怒られるし、あいさつしなくても怒られたわけですね。

この状況を、心理学の用語で**「二重拘束」（ダブルバインド）**と言います。進んでもダメ・進まなくてもダメのような状況です。

【「呪いにかかる」と動けなくなる。そんな時は……】

呪術にかかった人は、この「二重拘束」(ダブルバインド)の状態にあるケースが多いです。自分の考えで動けなくなり、ぐるぐる巻きに縛られた状態になります。

この「二重拘束の呪い」はどうしたら解けるのか?

呪いの基本は縛り付けること。縛り付けて動けなくさせることです。だから、具体的に動ける助言をもらえれば、呪いは解消します。

◉「今できること」に目を向けよう

呪いを解消する、よい実例をご紹介します。落合さんの前述の体験談がヤフーニュースに転載されたところ、こんな内容のコメントがつきました。

「中学時代、先輩の中に理不尽な人がいたのを思い出す。この人には、挨拶したら、怒鳴られるか邪険に扱われる。かといって、挨拶をしないわけにもいかない。気づかないふりをすると怒られ、隠れてやり過ごそうとすると見つかって怒られる。

あまりの理不尽さにほとほと困っていたのだが、ある日を境に、その先輩はそういう態度を取らなくなった。挨拶すると、いかにも不機嫌そうだけど『おう』と、一応挨拶を返してくる。『どうしたんだろ?』と思って他の先輩に聞いたら、2個上の先輩に後輩への態度の悪さが見つかって、メチャクチャ怒られたらしい。その怒った先輩は『お前がそんなんだったら、先輩にはきちんと挨拶しろって言ってる俺たちの立場がねぇだろうが』みたいな感じだったらしい」

「ちゃんと挨拶しろ」は呪いを解く言葉です。挨拶すればよいのですから、これは「しつけ」「教育」です。

ただ「ちゃんとしろ」は何をやってよいか不明なので「動けない＝呪術」ですが、「ちゃんと挨拶しろ」は、何をやればよいか明確だから「動ける＝解放」になるわけですね。

少なくとも、落合さんがぼやいたように「じゃ、どっちなんだよ」と、先輩達にツッコミを入れられたら、二重拘束にかかからず、呪い返し成功です。

もちろん、落合さんが新人だった当時の先輩達に、そんなツッコミはなかなか入れられません。だから、呪いにかかって拘束されがちです。

だからこそ「私は誰も呪いたいくない！」と言う人は、自分からボケて誰かにツツコミを入れられる習慣を付けるといいですね。マジメに受け取りすぎると、今度は「ちゃんとしなきゃ」と自分で自分に呪術をかけることになります。

後輩芸人でも気軽にツッコミを入れられる人、たとえば笑福亭鶴瓶さんのような人が愛されるのは、呪いと無縁だからもあると思います。

呪いの言葉パターン②
「普通だったら」

「普通こうするものだろう！」と怒られたことのある人もいるのでは？

他にも、「あなたは普通じゃない」と怒られたり、あるいは、「昔はこれが普通だったんだ」と言い訳に使用されたり。で、「私は普通じゃないんだ」と卑下したら、「普通」は、あなたを縛り付ける呪いの言葉になります。

「普通」の意味は、「ありふれた、平凡な、他と比べて突出していない」など。

が、誰かを批判するときに「普通」が使用される場合、「普通＝常識」「普通じゃない＝非常識」の意味になります。

つまり「あなたは普通じゃない」という批判は、「あなたは世間一般の人が持つ当たり前の知識や判断力を持っていない」と暗に責めているのですから、相当な悪口です。

呪い返しをするなら、「私のことを普通じゃないとおっしゃいますが、普通じゃないのはあなたでは？」です。

ちなみに、**呪い返しは「反射神経」が大事。**何か言われたら、自動的に返すくらいのクセをつけておきましょう。あとあと思い出してムカムカするのはメンタルに良くないし、関係ない人に八つ当たりして、呪いが他へ拡散したりしかねませんから。

◉「普通だったら」を利用した、こんな勧誘にはご用心

実は、「普通だったら」「あなたは非常識」は、カルト宗教・カルトスピリチュア

ルのセールストークでも定番です。

私が人から聞いた実話をご紹介します。

自称・すごい霊能者が「正しい神仏への祈り方を教えるから」と、数十万円する高額な印鑑や数珠《じゅず》を買うよう、お客を勧誘する、典型的な事例でした。自称・すごい霊能者は、ターゲットにこう強く迫って勧誘します。

「あなたのパワーストーンブレスレットは偽物。だまされたのね！　私の数珠こそ本物。だから買いなさい」

「ちゃんとした数珠は持っていないの？　普通は娘が結婚するときに、親は嫁入り道具として数珠を持たせるの。あなたの親は非常識ね！」

ここまでで、すでに「ちゃんと」の呪いに「普通（非常識）」の呪いが出てきました。まるで「呪術海鮮丼」です。

それでもターゲットが「買わない」と拒否すると、

「あなたは今の仕事をやっちゃいけない人だわ！　あなたのように世間知らずで非常識な人間が、人と話をするなんてダメよ！　これはあなたのためを思って言ってるの！　辞めなさい！　あなたはこの本物の数珠を持てばいいのよ！　20万円くらいすぐ払えるでしょ？　現金がなくてもクレジットカードを持っているなら、出しなさい！」

「あなたのため」の呪いも出てきました（余談ですが、宗教・オカルト・スピリチュアルの界隈に特有の呪いのパターンがあります。それが、ここでも出てきた「本物・偽物」論です。人を思い通りにコントロールするために、「あなたが信じているのは偽物で、私は本物を知っている」等と呪術をかけてくる人がいます）。

◉こうなってしまったら、もう「呪い人」の術中

この事例、呪いの科目のテストだとしたら、自称・すごい霊能者の呪いは100点満点でしょう（ただ、結局ターゲットにされた方は購入を断り切ったので、セールストークとしては不合格だったようです）。

とはいえ、その方は、自称・すごい霊能者のトークで気分が悪くなり、その後、なんと数カ月もの間ひどく落ち込まれたとのこと。お気の毒に、呪いにかかってしまわれました。

「あんな霊能者なんて偽物に決まっている」と思っても、人格否定までされたこと

で自己嫌悪におちいり、常に疑心暗鬼の心がちらつくようになったそうです。

◉きっぱり「突き返すべき場面」もある

このように「普通だったら」の呪いは、「あなたは当たり前の知識や判断力を持っていない」と暗に伝えて、「あなたは大人失格だ、社会人失格だ」ときつく縛りにきています。だから、「あなたに仕事をする資格はないから、辞めろ」とまで平気で言ってくるわけです。**あなたを全力で否定してくる拘束なので、しっかり気を張って突き返しください。**

これは裏を返すと、この「自称・すごい霊能者」は普通じゃない、ということ。**明らかに非常識な人なのだと、理解することが大事です。**「そんなことを言うお前が、今の仕事をやめろ」と呪い返しする場面です。

この場合、「人によって何が普通かは違う」レベルの受け取り方だと、ぬるい。相手は普通じゃないのですから。

「みんな違って、みんないい」は正論ですが、**「普通だったら」の呪いがきたときは、より強い「私はいい、あなたは間違い」をおすすめします。**

◉「自分で自分を責める」のも呪いの一つ

また、自分で自分を「普通だったら」と責める呪いもあります。

「自分の年齢だったら、普通はこれくらい貯金しているのに」「普通は結婚して子供もいるのに」「普通は老後の資金がこれくらい必要なのに」など、他人や世の中の統計データと自分を比較して責めます。

世のデータを参考にするのはよいとして、自分で自分を否定するのは、苦しいだけ。**世の中の「普通」と違う自分を発見したら、「ウケる！」と笑い飛ばす習慣でも付けてみてはいかがでしょうか。**

「人生は近くで見ると悲劇だが、遠くで見ると喜劇だ」とは、世界一有名なお笑い芸人チャップリンの言葉です。遠くで見るクセがついたら、苦しみも取れます。

呪いの言葉パターン③

「どうせ私なんて」

「どうせ私なんて」はかなり負のエネルギーが強烈な言葉です。

「どうせ私なんて無理」
「どうせ私なんて愛されない」
「どうせ私に才能なんてない」

……のように、後には必ず、自分をおとしめる言葉が続きます。

「どうせ私なんて」は、自己肯定感が低いため、自分で自分に呪いをかけているパターンです。この呪いにかかっている人は、「私なんて」「私なんか」と自己を卑下し、自分を責める言葉が口グセになっています。

自分で自分に呪いをかけていると、自分の行動や考え方に自信が持てず、周囲の評価を常に気にして、いつも不安を抱えているような状態になります。

自分で自分に呪いをかけている場合、単純なことで呪いが解けます。それは自分

の健康状態を〝意図的〟に改善することです。

◉「自分が今、やりたいこと」に注目すると、ずいぶん変わる

例えば寝不足気味なら、よく寝ることです。
呪術の特徴は、「人間の意図」があることでした。意図的に誰かを悪くしようとするのが、呪術です。

自分で自分に呪いをかけている場合、自分の思い通りに自分の心身を【悪い方へ】操作しようとします。だから、意識して【良い方へ】操作すれば、呪いは解けます。

寝不足気味なら、よく寝ること。
腹が減ったら、我慢せず、食べること。
美味しくないものより、美味しそうと思ったものを食べること。
トイレに行きたくなったら、我慢せず、さっさと行くこと。
イヤな依頼は、断ること。
いただけるものは、遠慮せずいただくこと。

そのほか、自分が生理的にやりたいことをやれば、自分自身への呪いは解消されていきます。

自己肯定感が低い人は、謎に我慢しすぎ、謎に遠慮しすぎる傾向があります。その「謎に」の部分だけでも取り除けるといいですね。我慢しすぎて心身の調子が悪くなると、日々のパフォーマンスも低下します。

といっても、本書では健康知識を学んで実践するといった、ハイレベルなことは求めません。疲れたと思ったら休む程度の、誰でもすぐ実践できる単純なことです。

◉ちょっとした「成功体験」が大きな意味を持つ

そして、自分ならできる成功体験を積み重ねていくと、自己肯定感もしっかりしたものになるでしょう。

これも難しいことではなく、「今、自分ができることを、ただ認めればいい」のです。例えば、仮にあなたが、勤務日に遅刻せず出社したとします。それは小さな成功体験です。給料をもらうのも成功体験。料理をしてその日のごはんをつくれたら成功体験。朝日を覚ましたら、それも成功体験です。

成功体験なんて、我々は日々、いっぱいやっています。当たり前のことかもしれませんが、その当たり前のことをやることで、日々の生活や社会は成り立っています。だから、堂々としていればいいのです。

◉「誰かの呪いを解く」のは、こんなに簡単！

他人を見て、「この人は自分で自分に呪いをかけているな」と思ったら、可能ならぜひ、その人をサポートしてあげてください。「あなたならできるよ」とか、「こういうことしてくれて助かっているよ」と、実際によい点やありがたい点を伝えると、その人のやる気や自己肯定感も高まっていくことでしょう。

また自己肯定感が低い自覚がある人は、他人から言われたうれしい言葉は、ありがたく素直に受け取ること。

本書で紹介しているような呪いの言葉を受け取るときは、相手の言葉を真に受けず、（心の中で）呪い返しをしてくださいね。

呪いの言葉パターン④

「私、お金ないから」

「どうせ私なんて」のように自分を卑下する言葉でも、それが周りへの文句や不平不満にまでつながっている場合、さらに注意が必要です。

その要注意な言葉が「私、お金ないから」です。

「私、お金ないから」とよく言う人がいます。そうか、そんなにお金がないのかと、こちらが遠慮して遊びや旅行に誘わなかったら、「どうして誘ってくれなかったのか」と文句を言ってきます。だからお金がない人と、お金のかかる付き合いはしないのが適切なのですが、そうすると文句を言ってくる……。このパターン、もうおわかりでしょう。**二重拘束（ダブルバインド）の呪い**です。

◉「相手の思い通り」にならないために

「お金がない」とよく言う人を観察してみると、本当はお金がある場合と、本当にお金がない場合があります。また、「お金がない」を口実に知人にたかろうとする場合と、たかる気なんてない場合があります。

「私、お金ないから」という人をこの4つの場合に分けると、呪いに相当するのは、「本当はお金があるのに、『お金がない』と言って、友人知人にたかってくるケース」です。これは、4つの中でただ一つ、明確に呪いのパターンです。自分の思い通りに他者を操作しようとしているのですから。こんな呪いに遭遇したときは、「そうかー、私もお金ないんだー」と呪い返ししましょう。

「私お金ないのよお」

←（呪い返し！）←

「そうかー、私もお金ないわあ」

←（呪い返し！）←

「こないだ旅行行ったんだから、あるでしょ？」

←（呪い返し！）←

「だからかなり使っちゃって、マジでなくなった。節約しなきゃだわあ」

相手は食い下がってくると思いますが、「本当にない」と一歩も引かないでください。これは、相手が本当にお金がない場合にも使える対応です。また相手が本当はお金があって、たかる気はないけどお金がないという場合は、お互い様ですから、これも問題なし。

いずれにせよ、**「お金がない」と言う人には、「私もお金がない」と返していれば、問題ありません。**

◉たら「自己卑下する人」にはこんな対応を

自分を卑下するフリして、相手から奪おうとしてくる「悪い輩《やから》」は、残念ながら世の中にたくさんいます。「お金がない」以外にもいろいろなバリエーションがあり、様々な言い方で、あなたから搾取《さくしゅ》しようとするかもしれません。

とはいえ、対処法は難しくありません。お金以外の話題でも、同じように自分を卑下するフリを返していればよいでしょう。

「私、できないんで」→「私もできないわあ」
「私、モテないんで」→「私も全然モテなくって」
「私、頭が悪いんで」→「私もよくわからないわあ」

とはいえもちろん、職場の査定のときなどは、必要以上に卑下せず、しっかり自分の業績をアピールしてくださいね。

呪いにひそむ「否定」と「期待」

ここまで、様々な呪いのパターンを見てきました。
共通しているパターンが、否定と期待です。
呪う相手を否定し、呪う相手に期待する。

「私」の期待に「あなた」がその通り応えて欲しくて、あなたを呪うわけですね。

44ページでも述べましたが、呪術のパターンには2つありました。一つが憎い人を不幸にしようとする「憎しみの呪術」、もう一つが好ましいと思っている人の心身を自分に引きつけようとする「愛の呪術」でした。

憎しみの呪術は、単純なのでわかりやすいです。誰かに期待して、その期待が裏切られたから、否定する（呪う）。単純な憎悪なので、憎しみの呪術に多いです。

愛の呪術は、時に複雑です。愛する誰かを否定したい（呪いたい）から、期待して裏切られた状態をつくる。その誰かが期待に応えられないよう二重拘束する。

本当の意図は、愛する誰かを縛り付けて、動けなくさせること。私のもとをその人が離れていかないように。

期待を裏切らせるのは、縛り付けるための口実です。

◉「期待に応えたい」は人間の性《さが》

こうした呪いにかかってしまうのは、人間の中に「誰かの期待に応えたい」という意思があるからです。ろくでもない期待にすら、なぜか応えたいと心のどこかで思ってしまうのが、人間の習性です。

作家の岩崎夏海氏の言葉をお借りすると、

「人間の心理は不思議なもので、呪いに対する防御力がないと、すぐそれにやられてしまう。具体的には、人々が【自分がルール違反を犯すことを望んでいる】と知ったとき、それに応えようとしてしまうのである。人間は、これも本能的、無意識的に、人々の期待に応えようとすることがある。たとえそれが自分の意に沿わないことであったり、ルール違反であったりしてもだ。（略）禁止されている場所で写真撮影を行い、それをアップしたい誘惑にかられるのである」（『そこにある「SNSの呪い」に、皆まだ気づかない』東洋経済オンライン）。

呪われる人は、呪っている人の期待に気づいて、その期待に応えようとするわけですね。愛の呪術で行われる「二重拘束」だと、真の期待がわかりにくいです。それでも、呪いにかかる人は、呪っている相手が本当に望んでいることに、無意識に気づいて、その望みを叶えようとして、呪われるのです。

◉「性別」や「属性」にひも付く呪いもある

呪いの否定と期待が、性別や属性にひも付いている場合もあります。親子関係や男女関係、教師と生徒の関係など、「○○のくせに」「○○だったら」の「○○」に役割や性別が入る例です。

「男のくせに」「女のくせに」「子供のくせに」「親のくせに」「母親のくせに」「父親のくせに」「男だったら」「女だったら」「親だったら」……など。

「○○のくせに」「○○だったら」の後に、役割や性別への期待と、期待に応えていないための否定がセットでついてくるのが、呪いのパターンですね。

役割や性別への期待に対しても、人間はその期待に本能的・無意識的に応えようとします。たとえ本人はその期待に、内心、納得していなかったとしてもです。

呪いの免疫力を高めるには、意識して、意図的に人からの期待に応えないことです。

人間の呪術とは「意図して他者の心身を操作する」こと。ですから自分の心身を自分で意図して操作するクセをつければつけるほど、呪術を打ち破れるようになるのです。

要するに精神的に自立すればよいのですが、あなたの自立を防ごうと、呪いは、あの手この手でちょっかいを出してきます。

あなたの人生を舵《かじ》取りするのはあなた自身。そのことさえよく自覚していれば、呪いは全く怖くありません。

2章

呪いをもらわない基本の仕組み

「好きにしていいよ」にはなぜ、圧がある？

「好きにしたらいい」

「楽しく生きてくれたらそれでいい」

ここまでお読みの方なら、「他者を操作しない適切な言葉だ」と思われるかもしれません。呪いとは真逆に、心を解放する言葉だなと。

ところが**精神医学の専門家によると、これらの言葉も問題を引き起こすことがあるのです。**

医師で臨床心理士の田中茂樹氏によると、親からの「好きにしたらいい」「楽しく生きてくれたらそれでいい」という願いを、子供は「要求」と受け取るのだとか。

親にそう言われた子供は、

私は「あなたのために」好きに「しなければいけない」

私は「あなたのために」楽しく生き「なければいけない」

と受け取りがちだというのです。

「だったらどう言えばいいんだ！」とツッコミたくなりますが、田中氏いわく、本当に相手が「好きにする」のを認めるなら、何も言わなければいいとのこと。

◉あなたの自由を阻止する「意外な人」

人の好意や親切を息苦しく感じるときはないでしょうか？　それは、人を好意的に支配するドS・ドMなメッセージだからかもしれません。

早稲田大学名誉教授で社会学者・心理学者の加藤諦三氏は、

「あなたさえ幸せならばそれでいい」

「私さえ我慢すればそれでいい」

と言って、愛する人を支配し、その自由と独立を阻止する人を「好意的サディスト」だとしています。

私は、そういう「私はあなたのために我慢しているんだ」と押し付けてくる人は「好意的マゾヒスト」と表現する方が適切に思いますが、どちらにしても、好きな人への依存心に基づく性癖というか志向です。

好きな人を支配するために、苦痛を与えるのが好意的サディスト（通称S）、苦痛を与えられるのを好むのが好意的マゾヒスト（通称M）ですね。

好意的サディスト・マゾヒストは、親子関係に限らず、大人同士の関係でも多く見られます。

マルチ商法の勧誘にみる「呪われたい気持ち」と「寂しさ」の関係

これは、私があるマルチ商法に勧誘されたときのことです。

「最近、起業セミナーに参加しているんだけど、その後で会わないか？　セミナーは無料だから、よかったら一緒に来てよ」と友達に誘われて、じゃその無料セミナーとやらに付き合うわとノコノコ出かけたら、なんとマルチ商法のセミナーだったのです。当時はまだこの手のことに知識がなかったので、すぐにはそうと気づかず、しばらく話を聞いていました。

「自由に生きよう」

「好きな時間に好きなことをしよう」

起業セミナーでは「成功者」なる人が登場して、そんなメッセージを訴えかけます。周りを見渡すと「うんうん」と目を輝かせてうなずいている人ばかり。

壇上にいる、その成功者なる人は、海外を毎月のように旅している姿、仲間とビーチでくつろいでいる姿、砂漠でラクダに乗っている姿……など、海外で遊んでいる華やかな写真を、私たちにどんどん見せてきます。

それを見て、参加者たちは口々に「うらやましい！」「素晴らしい！」と歓声を上げるのですが、私自身は、そんな参加者たちを見てドン引きしてしまいました。

◉「成功者」たちの大きな矛盾

好きなことをして自由に生きる……。大いに結構です。

でも、「ただ自由に生きる」という割に、みんな同じ哲学を語り、同じ商品を買い、同じ行動をしているようにしか見えません。**自由に好きなことをすると個性をなくしてまわりと同じになるなんて、矛盾しています。**

友達からも、いろいろ聞きましたが、彼は「数年以内に自由なお金持ちになれる」と確信している割に、どうやって稼ぐかのアイデアはゼロ。話題は、お金を使う話ばかりで、仲間と集まってパーティーとか、船でクルージングとか、スイートルームに滞在するとか、セミナーにいた人たちと遊ぶことばかりでした。。

みんな、なんでそんなに、大して親しくもない人たちとやたら集団行動をしたがるのか。私にとっては違和感でした。

エーリッヒ・フロムの『自由からの逃走』

「自由なのに、好きにしていいのに、なんで周りと同じことをするの？」

この不思議については、ドイツ生まれの心理学者エーリッヒ・フロムが解説しています。

フロムの著書『自由からの逃走』によると、現代人は自由を獲得したが、自由のもたらす孤独感に耐え切れず、力強く自分を導く権威への服従を求めるとのこと。

その結果が、独裁国家の登場と第2次世界大戦でした。

自由な世界にいると、人は強い誰かに服従したくなります。

なぜなら、個性を認める自由な社会では、誰も自分と同じ考えを持たないため、共感したりされたりがなく、孤独を感じます。それがイヤで、人は自分で自由から逃げ出す、とフロムは言います。

逃げ出して、「これが【正しい】自由な生き方ですよ」と強いリーダーや仲間に認められる「条件付きの自由」に引き寄せられるわけですね。

「自由」に生きる　→　影響力の強い誰かに従う「自由」を選ぶ。
「好き」に生きる　→　影響力の強い誰かが好む「好き」を選ぶ。

孤独を避けるために、人は自分から呪われて、誰かに操作されることを選びたくなります。たとえその誰かに、人を操作する気がなかったとしても、自分から好意的マゾヒストとなって、勝手に操作されようとします。

もちろん、孤独に折り合いをつけて、あるいは孤独を特に問題だと思わなくて、本当の意味で自由に生きる人たちもいます。

しかし、現代社会では、自由を（まだ）選びたくない人の方が多数派なのでしょう。

先述したマルチ商法に集う人たちも、結局、さみしいから集まっているのかな、と思いました。同じ考えの人たちで集まったら、とりあえずは安心できますから。

自由を避けるなら、親の呪い、会社の呪い、役割の呪い、性別の呪いなど、いろいろな呪いの中で、「いちばん孤独を感じない呪いにかかって、その他の呪いを防ぐ」ことが、もっとも合理的なのかもしれません（もっとも、その呪いが、他の呪いよりマシならば、という注釈付きですが）。

したいことがわからない？「それ、憑かれてます」

強い誰かに服従するような関係を「依存的」な関係といいます。この依存心は、私たちの心にある「不足感」「欠乏感」から生じます。

この「不足感」がもとで生じる「依存心」こそ、憑かれる原因です。

「憑かれる」は、悪霊に取り憑かれるようなネガティブな意味で使われます。ただ悪霊に憑かれたかどうかなんて、それを判定する人の主観や思惑《おもわく》が大きく出やすい。つまり、偏見いっぱいの間違った判定をされがちです。


そこで本書では「憑かれる」とは何か、意味を明確にします。

本書において、「呪術」とは「自分の思い通りに他者の心身を操作したい人が、意図的に用いるもの」でした。

そして本書における「憑かれる」とは、その呪術にかかることとします。つまり、「他者の思い通りに自身の心身を操作されている状態」を「憑かれる」と定義します。


「不足感」が心の中にあると、誰かや何かに依存したくて、憑かれやすい。極端にいうと、洗脳やマインドコントロールされている状態も、まさに憑かれていると言えますね。

ただ、自分が憑かれているかどうかは、客観的に判定できません。

なので、1章で紹介した「あなたの呪われ度チェック！」で推測いただければと思いますが、憑かれているときの人間の特徴をまとめると、主に次の3点です。

【憑かれているときの人間の特徴】

・疲れやすくなる。
・自分が何が好きなのか、何がしたいのか、よくわからなくなる。
・キレやすくなる、落ち込みやすくなるなど、人への振る舞いがおかしくなる。

呪術対策は、自分の心身を、意識して【良い方へ】操作すること。そうすれば、呪いは解けるのですが、ここで一つ問題があります。

自分にとって【良い方】を自分で選べるのか、です。

◉私たちが「自分のしたいこと」を見失ってしまう理由

憑かれている場合、何が自分にとって良いのか、よくわからなくなります。他者に心身を操作されていると、自身の素直な感覚が鈍り、誤作動を起こすからです。「これが本当に私のしたいことなのかがわからない」と悩むような状態ですね。

1章で紹介した【良い方】を選ぶ方法は、寝不足なら寝る、腹が減ったら我慢せず食べる等、生理的欲求を満たすことでした。

憑かれていても、生理的欲求なら、当たり前に【良い方】を選べます。欲求を我慢することはあっても、何がしたいかわからないことはありません。

ところが憑かれていると、その他の欲求センサーは狂ってきます。

心理学者マズローは、人間の欲求を主に5段階で説明しましたが、図の下から2段目「安全の欲求」より上が狂ってくるのです。

安全欲求が狂うと、職場での過労死、イジメや虐待に耐え切れず自殺、カルト宗教にはまって家庭崩壊など、痛ましい出来事につながりかねません。

所属と愛の欲求が狂うと、他者への不信感が強くなり、仮に社会的に成功しても不機嫌になりがちです。その結果、他者の裏切りが連続する、人を信じることができず自分の方から裏切ってしまうようになる、社会的に許されない行動をとって処罰されるようになる、などの行動を起こしやすくなります。これは、精神的に不幸です。

一方、**承認の欲求**が狂うと、他者に「もっと私を認めて！」と期待や要求をし過ぎて他者が破滅したり離れていったりする、自分を卑下するあまり自己犠牲を払い過ぎて自滅する、などが考えられます。

自己実現の欲求が狂うと、自分や他者の十分な才能の発揮にフタをしてしまいます。

以上のように、憑かれすぎには大きなリスクがあります。

【あなたの欲求センサー、正常ですか？】

［マズローの欲求５段階説］

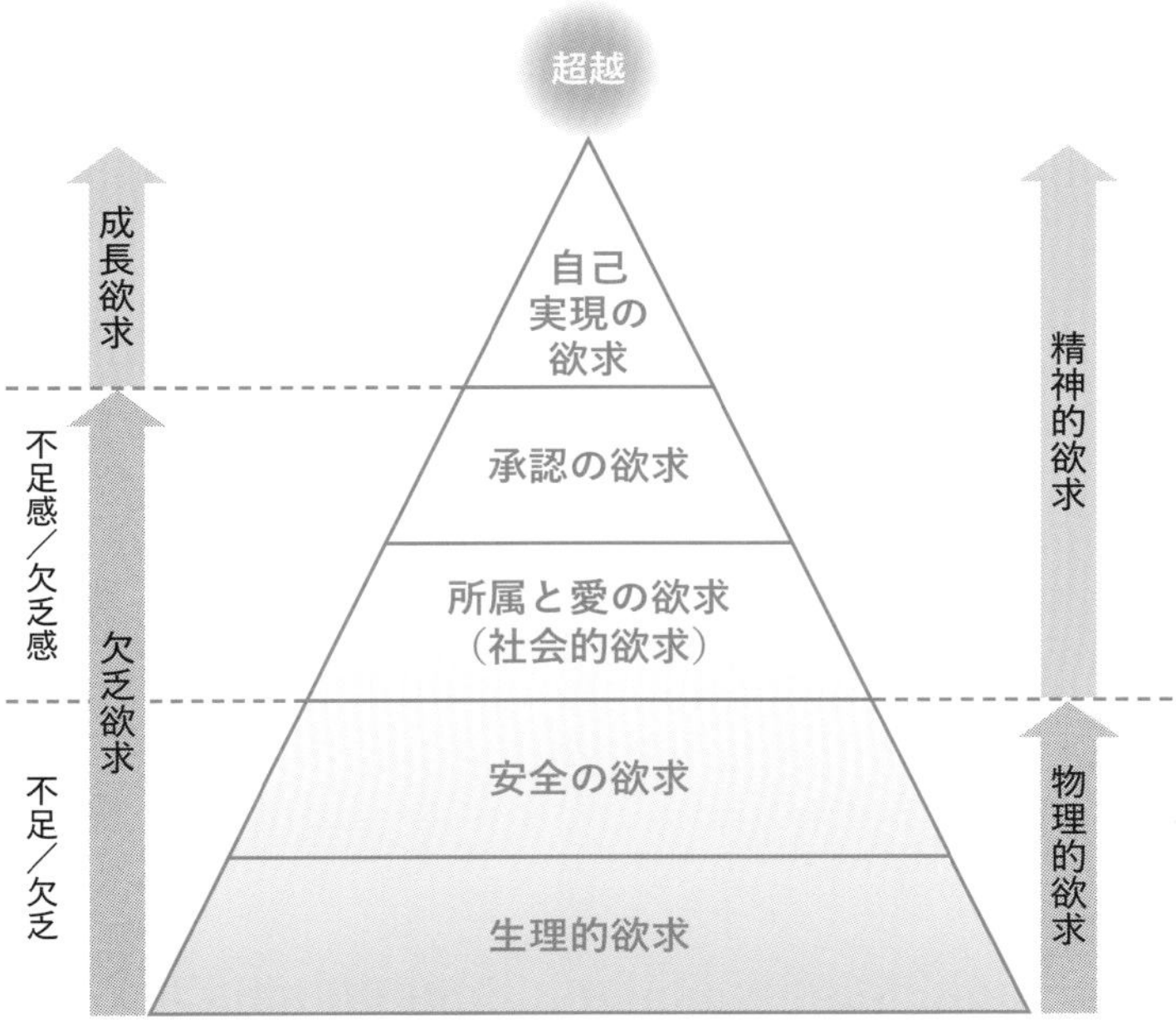

自分の本心からズレると、憑かれる

憑かれるリスクの解消に、マズローの欲求理論は参考になります。リスク解消の鍵は、マズロー理論の中心**「自己実現」**。

自己実現とは「自分自身であること」。これだけでは抽象的でピンときませんが、自己実現の欲求が満たされた状態は、我々にも想像できます。

「自分の能力を存分に発揮することで、他者から感謝され、その感謝を受け入れている状態」が自己実現している状態です。

◉自分の本心を知ることが、なぜ大切か

1章で「不満を減らす」ことと「満足を増やす」ことは違うと説明しました。

自己実現とは、満足を増やしている状態のことです。そして仕事において満足は「能力を発揮することで、感謝される」など、仕事の内容それ自体がもたらします。

自己実現に向かって成長しているときは、憑かれません。しかし憑かれていると、

自己実現の欲求を認めないのです。

他者に意識を乗っ取られると（あるいは、乗っ取らせると）、自身の成長意欲を否定してしまうようになるのです。

「本当は○○したいのに！」「本当は○○を望んでいるのに！」

憑かれているときは、この「本当は○○したいのに！」すら、影響力ある他者がその人に許可した「○○」です。「○○したいと望んでいいんだよ」といった具合に。

心の底で望んでいることは一体何なのか？ この奥底の欲求を自覚すれば、おのずと他者の操作から解放され、呪いにかからなくなります。何かに集中して打ち込んでいれば、呪いにかかるヒマもスキもありません。

憑いたり憑かれたりを起こす依存心の原因は、私たちの心の「不足感」「欠乏感」でした。孤独やさみしさ、焦り、絶望感、無力感、劣等感などです。これらを、もし解消してくれそうなものがあったら？　人はその解消してくれそうな誰かや何かに大きく期待し、依存するでしょう。

この期待がポイントで、呪いの始まりは「期待させること」です。

呪い人は「エサ」をちらつかせてやってくる

「八木ぃ、幹部社員にならないか?」

私がサラリーマン時代、上司にめずらしく個別に誘われて、1対1でごはんに連れていかれたときのことです。こんな言葉を上司からかけられました。

当時の勤務先で「幹部社員」とは、課長以上の管理職のこと。自分の今のポジションを考えると、「まだ少し先の話」でしたし、かつ、その人は、自分の直属の上司ではありませんでした。

だから、この言葉を聞いても、私はうれしいとか喜ぶとかいうより、「なぜこの人は、私にそんなことを言うのか?」と、不思議な気持ちになりました。

「幹部社員になる」とは、出世するということ。もちろん、サラリーマンとしては「いい話」なのでしょう。しかも、私にそんな誘いをかけてくれたその上司は、誰から見ても「この先もっと出世するだろう」と思える、優秀かつ人柄のいい「よきリーダー」でした。ただ、私は、「うまい話には裏がある」とつい思ってしまいます。

「一体、これは何を求められているのだろう?」と、警戒してしまったのです。

そこで、直接ご本人に聞いてみることにしました。

「つまり……、もっと成果を上げるよう、私に期待されているのですか?」

「成果とか、そういうことじゃない」

上司は、なかなかはっきりと本心を口に出しません。のらりくらりと私の質問をかわします。それでもいろいろ探る中で、私が「おそらく、こういうことだろう」と察したことがあります。それは、「向こうから見て、私は部下として物わかりがよさそうに見えたんだな」と。

実はこの会食の席で、上司は、私とある同僚を比較するような話をしました。その同僚は、とても優秀な人物でしたが、彼と自分とを比較して、上司が自分を選ぶのならば、上司の狙いはこれしかないと判断しました。

「八木なら、会社の言うことをわかってくれるよな」

要するに、私は「上の方針に従って、言うことを聞いてくれそう」（御《ぎょ》しやすそうと見なされた）ってことです。

◉なぜ「口約束」を真に受けてはいけないのか

客観的に分析すると、私と上司の取引は、「将来の出世」と「忠誠」の交換です。**ただし、この「将来の」というのがミソです。口約束をしたこの時点では、私は何ももらっていません。**「俺のために頑張れよ。そうしたら、いつか何かいいことあるよ」ということですね。

「期待されているなんてうれしい！　だったら、頑張るしかないじゃないですか！」なんて思えるほど、私は素直ではなく、かといって上司に異論を唱えるほど警戒心が薄くもありませんでした。結局のところ、この上司はその翌年か翌々年かには別組織へ異動。「あのときの話は一体、何だったんだ？」と肩透かしの気分になりました。もちろん、このときの口約束も白紙になったので、私は数年後に退社して、専業作家になる道を選びました。

実は**「将来の利益」を約束して、相手を従わせようとする人は、世の中にいっぱ**

いいます。

代表的な例で言うと、「あなたの利益になりそうな人を紹介するよ」とか、他にも、結婚の約束をすることもあるでしょう。いつかこの人と結婚できると信じた人が、相手にいろいろゆずったり、金品を提供したりするのは、いつの時代もよくある話です。もっと小さなことで言えば、「お世話になったから今度飲みに行こうよ。ごちそうするよ」とか、「次は、焼肉おごります！」とか。これくらいなら、言われたことがある人はたくさんいるかと思います。

でも、本当におごってくれる人って少ないですよ。

こんな「今度おごるよ詐欺」くらいなら可愛いものですけど、老若男女関係なく、人望があって、ご活躍中の人ほどこういうことをやってきますから、要注意です。

◉ちらつかせるだけか、本当にくれるか。注意人物の見極め方

「利益をちらつかせて」、無料で人から何かを得ようとするのがクセになっている人がいます。これは、「合理的な呪い・憑き人」です。

本当に利益を提供してくれる人（憑かないありがたい人）は、利益をちらつかせ

たりはしません。〝すぐに〟提供してくれます。

そこが、「いい人」と「注意したい人」を見分けるポイントですね。

ただ、こういう憑かないありがたい人ほど、私たちはその恩をすぐに忘れてしまいがちです。というのも、彼らは、恩に着せようともしない安全な人物だからこそ、すぐに提供してくれる。だから私達は、その恩やメリットを、余計に忘れやすいのです。

◉「思わせぶりな人」「危険そうな人」がモテるわけ

一方、「いつか利益を提供してくれるはず」と期待させる人のことを、私たちはなかなか忘れることができません。

なぜなら、「○○してくれるはず」「いつ、○○してくれるんだろう？」と期待している限り、そして本当に利益を提供してくれるのか疑心暗鬼になっている限り、私たちはその人のことがずっと気になってしまうからです。だから、つい、その人の様子をよくうかがうようになります。そして、**まるでその人のことが「好きになったかのような状態」になる**のです。

くり返し接すると好きになる「単純接触効果」が働くわけですね。いかにも危険そうな人が異性にモテたりするのは、これと同じ理屈です。

というわけで、利益をちらつかせ続けて、でもなかなかあげない合理的な呪い人は、人間関係において最も「得」をします。裏を返すと、利益をちらつかせる思わせぶりな人に振り回されていると、こちらは最も「損」をします。「最も得する人」と「最も損する人」は、いつもワンセット。

だから、利益をちらつかせてくるような人間のことは、基本的に相手にしないこと。もちろん、本当に利益を与えてくれる人には、しっかり感謝して恩返ししましょう。

脳科学が証明する、悪口が「憑かれ」を引き寄せる理由

「悪口、下ネタ、うわさ話。手っ取り早く人と仲良くなるには、この3つだよ」

これは、ある武道の師範から聞いた話です。生徒さん達とコミュニケーションを取るための処世術だったようです。

とはいえ、私はこの話に部分的にですが、異を唱えます。下ネタ、うわさ話はともかくとして、悪口はいけない。**悪口を言うと憑かれやすくなるからです。**ただ、脳科学的に見ておどしているみたいに聞こえたら、申しわけありません。

も、悪口はよくないことだとハッキリわかっています。

◉陰口を叩くとき感じる、あの「モヤモヤ」の正体

飲食店などで、自分と関係ないお客さんや店員さんがイライラした態度を取ったり、怒ったりしていたとします。それを見て、自分まで気分が悪くなったことはありませんか?

実は、ストレスは伝染します。ポジティブ心理学者のショーン・エイカー氏がハーバード大学のビジネス向け雑誌で紹介した実験よると、ストレスを態度にあらわしている人を見ただけで、脳のコルチゾール（ストレスホルモン）のレベルが上昇します。自分にまでストレスがかかるわけですね。このようにストレスが伝染す

るような現象を「セカンドハンド・ストレス」といいます。

私はこの実験結果を知ったとき、悪口を言うときに感じる、あのうっすらとした不快感はストレスホルモンのせいだったのかと納得しました。

私は、人の悪口を決して言わないような道徳的な人間ではありません。ですが、陰で悪口を言ったりすると、いつも必ず、頭部に違和感を感じていました。脳の周りに何か薄い膜《まく》が取り付いて締めつけられるような、少し不快な感覚です。

「この感覚が憑かれるってやつか」と思っていましたが、コルチゾールの分泌のせいだったわけですね。

◉「悪口を言うこと」で満たされるのは、偽りの満足

セカンドハンド・ストレスを味わってまで、なぜ悪口で盛り上がるのか？

それは、誰かと陰で人の悪口を言うと、「承認の欲求」「所属と愛の欲求」が、一時的に満たされた気がするからです。誰かをおとしめることで、自分たちの方が上になった気がして、承認欲求が満たされます。また悪口を言う人同士で仲間意識ができて、所属欲求が満たされます。

もちろん欲求が満たされた「気がするだけ」で、実際には、不足感・欠乏感は解消されません。

1章を思い出してください。呪術とは、「自分の思い通りに他者の心身を操作したい人が、意図的に用いるもの」でしたね。

悪口を仲間で言っていると、あたかも、悪口の対象である誰かの心身を、自分たちの思い通りに操作している気がしてきます。また、先ほど述べたように、共感し合う仲間ができた気がして、満足感も得られます。

ただし、何度も言いますが、いくら悪口を言っても、現実は何も変わりません。だから本当の意味で満足することはなく、不足感・欠乏感は消えないのです。

私の結論は、こうです。

悪口を言うことは、ストレスに取り憑かれてまですることなのか？　悪口をあまりに言い続けると、自分自身が深刻な呪いにかかってしまいます。陰でこそこそ悪口を言うだけなら、ダメージを受けるのは悪口を言った本人だけなのです。

悪口はさらなる悪口を引き寄せる!?
――ニューヨークの割れ窓理論

ただ、悪口を言われる側がダメージを受ける場合もあります。

「陰口叩いていないで、直接本人に言えばいい」というのをよく聞きますが、悪口を言われる側の味方をするなら、これはむしろ危険です。

「陰口を言うな、表で言え」というのは「悪口を言われる私の方が強いし、正しいぞ」とプライドを示しているのでしょう。

ただ、表立っての悪口は、より深刻な方向にエスカレートする可能性があります。

1990年代、それまで非常に治安が悪いとされてきたニューヨーク市で、殺人・重犯罪が激減したことがありました。その理由は、徹底した落書き掃討と軽犯罪の取り締まり。これは、犯罪学者が発案した**「割れ窓理論」**の実践でした。

ガラスが割れたまま修理されていない窓のそばを通りかかった人は、自分もこの窓を割っても許されると判断しやすい。だから、ほかの窓も次々に割られます。そのうち街全体に無法状態のような荒れた雰囲気が漂うようになり、ここでは何をやっても許されるだろうという信号を発しはじめます。

そうならないよう、当時のニューヨークでは街の落書きを徹底的に消し、軽犯罪を徹底的に取り締まることで、殺人・重犯罪が大幅に減ったのです。

イジメのような行為も、この「割れ窓理論」で説明できます。ちょっとした行為を見逃している内に、いつしか周囲のモラルまで低下し、この人（イジメのターゲット）になら何をやっても許されるという雰囲気が出されてしまうのです。

表立って誰かの悪口を言うのも、それが直接であれ、SNS上であれ、「この人になら悪口を言っても、ひどいことをしても許される」という雰囲気を形成しかねません。悪口を言われる人に「強い呪術攻撃」が発動するのです。

◉「呪術対策は、犯罪対策と同じ」!?

呪術対策も犯罪対策と同じで「ちょっとしたことを見過ごさない」のが大事。

陰口程度ですむなら、大した問題じゃありません。ただ表に出たら、たとえわずかな悪口でも「見過ごさない・見逃さない」という態度を取ること。エスカレートを避けるために、です。

これは何も「悪口を言ってくる人には毅然《きぜん》として抗議しなければならない」という意味ではありません。穏やかな話し合いで解決することもあるでしょうし、相手の陰口からこちらの問題点に気づき、自己反省することで解決することもあるでしょう。何が適切かは状況次第ですが、いずれも**「素早く対処する」ことが肝心**です。

自殺率の低い街と高い街、その違いは「愛着の距離」

呪いがエスカレートするのを避けるヒントが、自殺率の低い地域にあるのでは？そう考えて、市区町村別の自殺率や、自殺率の低い「自殺希少地域」に注目した自殺予防の実証研究を調べました。

データが示す具体的な特徴を挙げると、

【自殺率が高い街】
・住む場所の傾斜角度が大きい
・住む場所の積雪量が多い

【自殺率が低い街】
・住む場所の人口密度が高い
・住む場所の日照時間が長い
・海沿いにある

まとめると自殺率の低い地域は、海沿いで、日当たりがよく、人がそこそこ住み、雪が少なく（温暖な気候）、平坦な地域。また太平洋側や島にあることが多いです。

◉なぜ旧・海部町は自殺率が低いのか？

自殺率の低い地域として、よく挙げられるのが、徳島県南東部の海沿いにある旧・海部《かいふ》町（現在は海陽町）です。

この旧・海部町の特徴は、

・隣近所との関わりが薄い
・出入り自由な同世代の助け合いコミュニティがある

田舎だけにさぞ人間関係が密なのかと思いきや、「立ち話程度」「挨拶程度」の関係が8割。自殺率の低い地域では「緊密」な関係の人は少数派でした。一方、自殺率の高い地域は、隣近所と「緊密」な人たちが4割を超えていました。

地域コミュニティが緊密になるほど、排他性が生まれ、その中に入っていけない人が孤立します。

一方、旧・海部町のコミュニケーションは、かなり軽い関係なのです。それでいて、縛りのゆるい助け合いコミュニティの仕組みもあります。

こうした**「ゆるい助け合い関係」が自殺率の低さを生みます。**

心理学の知見に照らすと、関係の薄い助け合いこそ、命を守る効果を発揮します。旧・海部町のようなゆるい助け合いの関係を「距離を置いた愛着」といいます。

◉「適度な距離」と「やさしさ」の両立

前に申し上げましたが、ストレスを感じている人を見ると、自分にもそのストレスが伝染するような現象を「セカンドハンド・ストレス」といいます。

人は、他人の感情に引きずられる生き物。他人がイライラしたり、怒ったり、後ろ向きな気持ちでクヨクヨしたりしていたら、自分にまでストレスがかかってしまうのです。しかも、親しい関係相手の方がストレスの伝染率が高いことが知られています。だから、**他人のストレスに伝染したくなければ、他人と適度に距離を置くことが必要**です。

ただ、それだけだと、「他人が困っているときも見捨てろということか？」と反論したくなる人もいるでしょう。

神経科学者のタニア・シンガー博士らによると、人が、他者の苦痛を共有したとき（共感）と、他者の苦しみに対して親切な反応をしたとき（思いやり）では、脳の活性部位が異なることがわかっています。

つまり、「共感せずに、思いやりを示す」ことは可能だということです。

「距離を置いた愛着」により、他人の感情に過度に引きずられることなく、そして他人のストレスを自分のストレスとすることなく、親切に振る舞えます。

◉「絆の力」がプラスになるとき、マイナスになるとき

一方、ストレスの伝染率が高い緊密な関係は、呪いの温床になり得ます。

山梨県が令和4年に実施・報告した自殺の背景調査によると、最も自殺を増やす要素が「家族・親族の干渉の多さ」で、一つだけ飛び抜けて自殺を増やすことがわかりました。また「地域のつながり」は、元々の住民にとっては自殺を減らす要素なのですが、転入者にとっては、むしろ自殺を増やす要素となりました。

つまり、**人とのつながりは、呪いを防ぐときもありますが、逆に呪いを発生させたり増大させたりもする「諸刃《もろは》（両刃）の剣」と言えるでしょう。**

1章で、呪術に対応するマレーシア農村の祈祷師をご紹介しました。マレーシアの祈祷師と、マレーシア農村の呪術対応、そして旧・海部町の施策とで共通していたことがあります。

それは、「問題が起こったときに、悪者探しをして罰したりしないこと」。

多くの集団では問題が発生すると、悪者探しをして責任問題にし、原因となった人に反省を強いたり罰したりします。心情的には理解できる行動ですが、これをやると、コミュニティの崩壊につながります（少なくともマレーシア農村では、そのように多くの人が認識していました）。

おそらく旧・海部町でも、コミュニティを平和に持続するには何が必要で、何をやってはいけないのか、多くの住民が認識を共有しているのではないでしょうか。

なぜ「板挟み」の人間関係は呪われやすい？

「○○すべき」

「○○しなければならない」

これら、「こうでなければならない」と強く思う「べきねば思考」「ねばならない症候群」は、憑かれを呼び込みます。この「べきねば思考」「ねばならない症候群」の原因は、どこから来るのでしょうか？

ある上級管理職の方が、インタビューでこんなことを語っていました。

「ねばならない症候群の人」は、「特に中間管理職に多い印象を受ける」と。

中間管理職は「疲れているけど、頑張らないといけない」と思い、自分ならできるという気持ちが低くなりがちなのだそうです。

会社員経験のある私は、この話を聞いたとき「そりゃ、そうだろう！」と膝を打ちました。だって、中間管理職は、柔軟な対応が許されない、自分の判断では何もできないポジションなのですから。

中間管理職といえばつきものなのが、**上と下からの「板挟み」**です。板挟みでいると、二重拘束（ダブルバインド）の呪いにかかりやすくなります。

1章でも紹介した、呪術にかかる「二重拘束」の状態とは、進んでもダメ・進まなくてもダメのような、身動きの取れない状況でした。身動きが取れなくなると、人は精神的に追い詰められ、行動に変調をきたしがちです。

中間管理職の板挟みだと、上司の言うことに従えば部下が離れ、部下の言うことに従えば上司が見放し、どちらを選んでも失敗するのが、よくある板挟み状況です。うまくいく選択肢がないため、この状態がずっと続くと、滅入ってしまって行動に変調をきたし、時には休職・退職するしかないほど追い込まれます。

◉「頭の固い人」にも事情がある

私が会社員時代、よく聞いたのは**「事業部長以上のえらい人は柔軟な人が多いけど、課長・担当部長クラスだと頭が固い人多いよなあ」**と。

つまり、傾向として経営者クラスの人は柔軟だけど、中間管理職の人は融通《ゆうづう》が利かないというわけですね。

これは、実は当たり前の話。中間管理職には融通を利かせる権限がなく、経営者クラスには融通を利かせる権限があるから、そうなるのも当然です。

また、現場にいる、中間管理職の部下たちも、意外に融通が利きます。なぜかというと、彼らには権限はありませんが、責任もないからです。**無責任だから、勝手なことが言えるし、できるわけです。**

一方、権限はないのに、責任はある中間管理職。彼らだけは、融通を利かせられる場所がありません。

よって、**彼らは「頭が固い」のではなく、「身動きが取れない」というのが正確な実情です。**

板挟みの中でも最悪な状況が、上と下とが手を組む場合です。

テレビドラマや小説・漫画で、直属上司のひどい対応に悩む部下が、上司の上司に相談して、ひどい直属上司をやっつけるというお約束のパターンがあります。上級管理職と一般社員が手を組んで挟み撃ちにすると、中間管理職は、ほぼ必ずと言っていいくらい、つぶされてしまいます。すなわち、異動や左遷、休職・退職にまで追い込まれる可能性が高くなるでしょう。

「板挟みの呪い」から逃れるには？

中間管理職に限らず、このような「板挟みによる二重拘束の呪い」にかからないために、どうすればいいでしょうか？　身動きが取れないのですから、「どうあがいても憑かれそう」ですよね。

戦術的な話をすると、自分を板挟みしている人たちが手を組んだら、もう「逃げる」の一択です。

なぜなら、この状況になった時点で、もう詰んでいるからです。それ以外を挙げるとすれば、理不尽に暴れるくらいでしょうか。

だからまず、板挟みしかねない人たちが手を組まないように注意しましょう。これは、仕事だけでなく、家族・親族や友人関係における板挟みも同じこと。この場合も、手を組まれそうなら「離脱」するだけです。

離脱する前に打てる手はというと、板挟みには板挟みでお返しすること。いざとなったら、上司の上司や、部下の部下と、手を組めるように動きましょう。
仕事以外での家族・親族や友人関係の板挟みも、いろいろな関係者がいます。板挟み返しになりえる誰かを探して、いざとなったらその人と協力関係を築くことです。これで、呪いに呪いで返すカウンターマジック発動というわけです。

次に、自分一人でできる対策をお伝えします。

2つの「憑かれない習慣」を身につける

「二重拘束の呪い」に縛られやすい環境では、次の2つの「憑かれない習慣」を身につけてください。

◉憑かれない習慣①「好奇心を追求する」

一つ目の憑かれない習慣は、自分自身の好奇心や探究心を追求すること。

仕事でいえば、仕事内容そのものに関心を持って取り組みます。1章で申し上げましたが、仕事そのものへの関心は「満足（幸せ）を増やす欲求」です。

例えば、親御さんが子供に勉強させようとする場合。無理やり、子供に勉強させようとすると、当然、やりたくないと子供は不満を持ちます。そこで、勉強したらご褒美をあげることで、勉強への不満を減らすことができます。

この方法は効果的ですが、一つ難点があります。**ご褒美がなくなると、全く勉強しなくなる**のです。ご褒美の代わりに、「勉強しないと罰を与える」というやり方でも同じでしょう。ご褒美と反対に、脅《おど》すことでコントロールしようとするわけですが、罰がなくなるとやはり勉強しなくなります。

賞罰もまた、他者の心身を思い通りに操作する呪術の一種。他者に目先の結果を出させたいとき、有効です。ただ、効果は長続きしません。

一方、勉強の意義や楽しさを知り、勉強すること自体に関心を持つと、子供に限らず人は自発的に勉強します。

よい例が、大人になって、自分から学び直しをする人たち。社会に出ることで、学ぶことの素晴らしさや貴重さを再発見して、学校に入り直すなどして、自発的に学び直す人たちがいますよね。

これは、「満足（幸せ）」を増やすことにもつながるでしょう。

◉大切なのは「自発性」

憑かれない習慣で大切なポイントは「自発性」。**あくまで自発的に、やりたいことをする時間を増やすのです。**

ご褒美や罰の回避を目的に「誰かにやらされる」ばかりでは、他者に振り回されて、憑かれやすくなります。

一方、何かを自発的にやる場合。このとき、**仕事や勉強などの「行動それ自体」が目的になります。**興味や関心を追求することで生じる、やりがい、成長、達成感が、人生の満足や幸せに結びつきます。

この素晴らしい方法にも、難点があります。当然ですが、その仕事や物事に対する「好奇心や探究心、向上心」が必要である、ということ。

それらは生み出す方法があるわけではありません。**ただ、その人の心の中で自然に湧き上がるものです。**

また、すぐに結果が出るようなことでもありません。だから、徐々に習慣化していくことになります。

◉憑かれない習慣②「自分から愛する」

二つ目の憑かれない習慣は、能動的に愛すること。**「愛される」のような受け身ではなく、自分から主体的・自発的に愛すること**です。

私の会社員時代、立派に健やかにご活躍だった人というと、仕事の成果だけではなく、精神的なものを大事にする方々でした。「先輩達がつくってきた研究の流れを受け継ぎたい」と常々おっしゃっていて、「仕事や先達への愛」を感じました。**世の中の流行とは関係なく、先人が積み重ねた歴史を大事にされているのだなと受け取りました。**

そんな、目に見えないものに対する愛情を持つ人たちは、人徳者が多かった。仕

【「見返りを求めず愛する人」は輝いている】

事だけでなく、ご家族、上司・部下・同僚、取引先、協力先など、多くの人たちを能動的に愛しておられると感じたものでした。

能動的に愛している場合、ただ何かを大事に思って、自分に提供できることを提供しているだけ。**見返りを目的としていません。**

見返りや対価を目的としないことは、仕事内容そのものに関心を持つことと共通します。見返りが欲しいと思うと、他者からの評価に依存するため、他者に振り回され、呪いにもかかりやすくなります。

とはいえ、見返りや対価を目的としないというと、「では、見返りなく働くのだな」「見返りなく愛するのだな」と受け取ってあなたに近寄り、取り憑こうとする呪術師もいそうです。

ただ、見返りや対価を受け取るのも愛。愛という漢字を分解すると「心で受ける」と書くように、「受け取るのも愛」です。お礼や対価の受け取りを拒否することは、相手の気持ちを受け入れないということになるため、その人とのつながりが分断されてしまいます。なので、ありがたく受け取ります。

◉「自分から愛する人」はなぜ魅力的なのか

能動的に愛する力を持つ人は、人気者。いろいろな所から引っ張りダコです。

心理学者エーリッヒ・フロムは「愛とは感情ではなく技術である」と見抜き、愛する技術を持つ人が少ないことを指摘しました。

フロムの愛とは「自分の喜び、興味、理解、知識、技術、ユーモアを、自らの意思で（能動的に）、他者に与えること」。

愛する技術を持つ人が少ないからこそ、愛する人は多くの人を愛し、多くの人に愛されて、結果的に、多くの見返りも獲得します。好奇心も愛も自発するもの。自発性に目を向ければ、呪いには見向きもしなくなるでしょう。

リュウ博士直伝！秘技「呪い返し」の術

呪いに呪いで返すカウンターマジック「呪い返し」。その基本は、ただ逆にすること。ひっくり返すことです。

板挟みには板挟みで返す。「あなたのためを思って言っているんだよ！」↓「あなたのためを思って言っているんですね」など。

呪いの言葉は日常にあふれているし、ありふれています。

「あんたには、取り柄がない」「あなたは育ちが悪いねぇ」「誰のおかげで○○していられると思っている！」「あなたには無理」「あなたから、悪い波動を感じる」（←これはちょっとマニアックか）などなど。

そこで、ありふれた呪いを返す**「ありふれた呪い返しの術」**をお伝えします。

呪いを解く方法は、簡単です。

「あんたは取り柄がない」→「取り柄がないのはお前だ」

「あなたは育ちが悪いねぇ」→「育ちが悪いのはお前だ」

「あなたに悪い霊がついている!」→「悪い霊はお前だろ」


自分に向けられた呪いの矢印を、全部、呪ってきた相手に向け返す。これが呪い返しの基本。**「相手→自分」を、「相手←自分」にするのです。**

「お前は、俺がいないと生きていけない!」なんて誰かに言われたら、「俺は、お前がいないと生きていけない!」って言われたと受け取る。依存しているのは、私じゃなくて、「俺」さんでしょ? ってこと。


ポイントは、自分に向けられた呪いの矢印は、「すぐさま」ひっくり返すこと。

これが秘技!「呪い返し」の術です。


親から子への呪い、世間からの呪い、上司や先生からの呪いなど、世界は呪いにあふれています。大なり小なりほぼすべての人が、いろいろな呪いを受けてきたことでしょう。**こうした呪いの言葉に引きずられると、自分の本心から少しずつズレていきます。**

過去に受けた呪いも、今まさに受けている呪いも、未来に受けるであろう呪いも、一つひとつ呪い返しをして、自分の本心を取り戻しましょう。

【次のワークを実践してください】

・誰かに呪われたと感じたら「それ、オメーだろ!」って、すぐさま返してください。口に出さなくとも構いません。心の中では、しっかり呪い返ししましょう。

・誰かに呪われた言葉を思い出したら、「あれ、アイツ（言った本人）のことだったな」と呪い返してください。独り言として口に出してつぶやくと、より効果的です。

老子の教えが現代人の「憑かれ」に効果的な理由

憑かないし、憑かれないためにぴったりの教えがあります。

二千数百年前（紀元前6—前5世紀）のこと。後世の人に「老子」と仮の名前で呼ばれる思想家が「五千数百文字にまとめた」生き方の指針があります。

「大器晩成」
「足るを知る」
「千里の道も一歩から」
「柔弱は剛強に勝つ」（※「柔よく剛を制す」の元ネタとなった言葉）

などは、現代でも有名ですね。

老子の説く生き方は「べき」「ねば」「ねばならない」の真逆で、「無為」を基本とします。**無為とは、作為のないこと。自然のままに手を加えないこと。**

もし我々がみな「無為」に生きるならば、世界から「呪い」がなくなります。呪術は作為のかたまりですから。

◉ふとした瞬間、私たちを不安にさせる「謎の焦り」

老子の思想は、特に「何かしなきゃ」の呪いを解きます。

あなたがもし、何もしなくていい状況になると、「何かしなきゃ」と謎の焦りが出てくるようなら、立派に憑かれているでしょう。

受験戦争、出世競争、売上や収益の向上など、人生には勝敗や損得がついてまわります。たとえあなたが大きな成功や出世を望んでいなくとも、です。

だって、子供の頃から、学校ではたくさんの宿題が出ますし、試験で偏差値を競わされますし、成長したら就職活動……どうしたって、「何かせねばならない環境」と無関係ではいられません。

老子の教えに触れると、この「何かしなきゃ」の呪いが解けて、心に余裕が生まれます。いい意味でのスキマができるのです。

ヒマなときはヒマを楽しみ、忙しいときも気持ちはあわてずゆったり日々を送れるようになります。背中に憑けられていた「目に見えない火」が消えるわけですね。

ではなぜ老子の教えに触れると、背中に憑いた火が消え、「何かしなきゃ」の呪いが解けるのでしょうか？


ここでは、それを説明するために「足るを知る」を例に解説していきます。

実はこの言葉の意味をネットで検索すると、人によってかなり解釈がバラバラです。老子の言葉は、人それぞれの受け取り方次第。なので、これから申し上げることも私個人の解釈で、あなたへの一つの提案だとご理解ください。

「足るを知る」は我慢ではない。豊かになり満足すること

「足るを知る」とは、今の状態で満足せよ、高望みするなの意味だと受け取る人が

多いようです（たくさん欲しがらない、我慢せよ、などもここに分類されるでしょう）。このような解釈をする背景には、「人の欲求は、お金や贅沢、色恋、地位、名誉などわかりやすい物理的なものにしか向かないはずだ」という暗黙の前提があるのでしょう。

これらはすべて「不満を減らす欲求」に分類されます。見た目や数字で表現できるわかりやすい欲望です。

◉意外と知らない「足るを知る」の本当の意味

もし災害や貧困で、物資や安全が本当に不足・欠乏する状態なら、物理的なものを求めて当たり前です。しかし極限状態でもないのに、不足だと不満をあらわにする人がいれば、「贅沢言うな！」「私だって我慢している！」と言いたくなるし、「足るを知れ！」と説教したくもなるでしょう。

ですが、**この「足るを知る」の本当の意味は、「満足を知る」です。**贅沢のことではないですが、かといって我慢するものでもありません。

「不満を減らす欲求」ではなく、「満足を増やす欲求」に意識を向けること。「満足を増やす欲求」を知り、足りる感覚を体験するのが「足るを知る」の本当の意味です。**ですから、我慢せずに、どんどん満足を求め、幸せを味わえばいいのです。**

老子は「知足者富」と説いています。足るを知る者は富むと。

現代科学と老子を重ねると、老子の教えは「マイナスを減らす不足・不満の世界観から、プラスを増やす満ち足りた世界観へ移行せよ」だと解釈できます。

◉「不満を減らす」と「満足を増やす」は別次元の欲求

「不満を減らす欲求」を追い求めると、永遠に足りることはありません。

もし物理的な不足・欠乏が不満な場合、ものがあれば不満は減少します。

ただし、最高で不満ゼロ。どんなに欲望を満たしても、満足がプラスに転じることはありません。

不満を減らすことと、満足を増やすことは「異なる次元の欲求」だからです。

物資が不足・欠乏する極限状態でもないのに、「もっと欲しい！　足りない！」と焦ってしまうのは、ただの「気の迷い」です。

この気の迷いが不足感・欠乏感です。ただ不足・欠乏している〝気がする〟だけ。不足感が原因の物欲は、いくら満たそうとしても、満たされることはありません。満足がプラスにならないのはもちろん、不満も減らない。不足はもので埋まりますが、しかし、不足感はものではなく、「感」や「気」といった心理的・精神的な〝何か〟だからです。

◉「欠乏感」は物では埋まらない

不足感・欠乏感は依存心を生みます。薬物やアルコールに依存するように、何かに依存して、その何かがあれば、心の中の不足が埋まるような気がするのです。

依存すると「これでいいのか」と罪悪感で苦しくなりますが、お金をパーッと使うと、一時的に気がまぎれます。実は、お金を使うことには、罪悪感を減らす効果があり、大いにストレス発散になるのです。

ただ、これではやはり、満足は増えません。不満も、一時的には減った気がしますが、すぐまた元に戻ります。そしてまた罪悪感で苦しくなるので、焦って、再びパーッと散財してストレス発散する……。このくり返しです。

これでは、いつまでも背中に、焦りの火が憑き続けることになります。

老子に学ぶ「呪いを解く究極の考え方」

無為は、自然のままに手を加えないこと。それができれば、呪いは世界からなくなります。

無為の反対である作為とは「事実はそうでないのに、そう見せかけようとしていろいろな手段を取る」こと。その内容は、見栄を張る、言い訳するなどといった可愛いものから、国家レベルの大がかりな偽装工作まで。そんな作為をやめて、「そのまま、ありのままでいる」のが無為です。

「学べば利益になるというが、そうじゃない。やるべきことを削《けず》ろう。削りに削れば学ぶべきこともなくなる。無為になればできないことはない」

このように、老子は五千数百文字の中で何度も「べきねば思考」「ねばならない症候群」を否定しています。

この「無為自然」と呼ばれる老子の思想に共感しない人も多くいました。老子は消極的すぎる、向上心がないと批判もされてきたのです。「こんなの、ただ満足のハードルを下げているだけのまやかしだ」と解釈されがちなわけですね。

◉それは「無為」なのか「怠惰」なのかを客観的にチェック！

実は「無為」と「消極的で向上心がないこと」を、区別する判断基準があります。これは老子がそう語っているのではなく、近年の心理実験で確認できる科学的な真実です。

科学的な真実は「無為であると、利他的になれる」です。

無為とは要するに直感的に行動すること。あれこれ考えなければ、それは作為のない自然な状態で、おのずと直感が働きます。逆に言うと、考えれば考えるほど作為的になるわけです。両者の違いを比較します。

【無為＝直感的な人の特徴】
・他者の利益になる行動を取る
・判断が早い
・好みや考えが一貫している

【作為＝思考が多くなる人の特徴】
・自分の利益だけが中心の行動を取る
・判断が遅い
・好みや考えがブレやすい

脳科学者・薬学者の池谷裕二教授（東京大学）は、こう解説しています。

「直感的に判断すると好みが一定し、しかも他人に利する行動を取る。一方、一歩踏みとどまって考えると、自分の内なる声に正直でなくなり、しかも利己的になる」

◉寄付金の「金額」と「決断時間」でわかること

これを証明するために、ある実験の一例を出してみましょう。

ハーバード大学のランド博士らは、お金を渡された人の寄付の金額を観察しました。すると、決断が早い人ほど寄付にまわした金額が多くなり、よく考えた人は自分の利益を優先する傾向がありました。要はケチるわけです。

ちなみに判断が遅い人に、早く判断するよう促すと、寄付にまわす金額が増えたそうです。

こうした利他的行動は、自分自身の幸福感を増すことも知られています。

しかし「利他」の意味を辞書でひくと「自分を犠牲にして他人の幸福・利益のために尽くすさま」とありました。「自分を犠牲にして」は憑かれている証拠で、無為とは異なるあり方でしょう。

無為は、他人に認められることを求めていません。無為は他人を利するけれども、他人に気に入られたいとか、見返りを得たいとは思っておらず、**ただ自然と自分がそうしたいからそうする**のです。

そんな無為な生き方は、他者から高く評価されます。
逆に作為ある生き方は、他者から低く評価されます。

◉「なぜあの人は好かれるのか?」に対するシンプルな答え

他者に高く評価されたい、他者に気に入られたいと思うほど、思考でいっぱいになります。判断が遅くなり、好みや考えがブレて、自分の利益だけが中心の行動を取ります。

これは、ただ人間くさいだけともいえますが、結果として、他者からは評価されません。なぜなら、他者の利益にならない行動だからです。

一方、無為な人は、誰かの思惑を気にせず直感的に動くため、他者の利益になる行動を取ることができます。結果として、他者から高く評価されます。

気に入られようと思うと気に入られず、高く評価されたいと思うと高く評価されない。しかし、何も思わない人は気に入られるし、高く評価されます。

無為な人は、結果的に気に入られ、高く評価され、豊かになります。

【「無為な人」と「作為ある人」】

無為な人	作為ある人
無為自然でいる	他人に好かれたい
↓	↓
直感が働く	思考・作為が働く
↓	↓
他人の利益になる	自分中心になる
↓	↓
他人に好かれる	他人に嫌われる

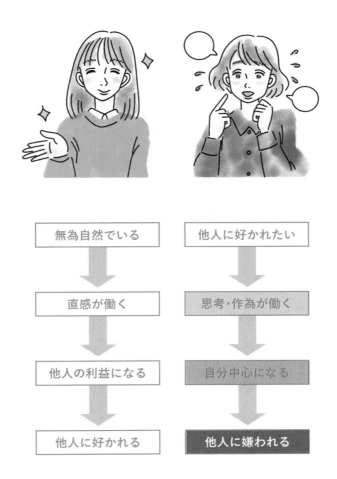

◉今すぐ作為を止めて直感に従え！
――シンプルに生きる老子の教え

老子は政治思想の面もあり、「無為なリーダー」を理想としています。

国家や企業・家族のリーダーが、憑かれて作為が働くタイプだと、かなり厄介です。憑かれたリーダーは他人に高く評価されたくて、いい格好をしようと、他人に貢ぎます。これは一見、利他の言葉通り、自分を犠牲にして他人の幸福・利益のために尽くしているように見えます。しかし犠牲になるのは、憑かれたリーダー自身ではなく、国民や部下や家族です。

下を犠牲にしてリーダー自身が高く評価されようとするのは、まさに思考・作為が働くタイプの典型で、自己中心的な行動です。また、リーダーが尽くした他人が、リーダーを好むことも、高く評価することも、ありません。

まさに「呪いは、クソゲーへの招待状」ですね。

老子の教えを実践して、そんな呪いの招待状はゴミ箱にポイしましょう。

「マイナスを減らす不足・不満の世界観から、プラスを増やす満ち足りた世界観へ移行する」のです。どんどん幸せになればいいわけです。

満ち足りた世界への移行は、今この瞬間からできます。ただ、作為をとめて直感に従えばいいのですから。

「結界」の技術――イヤなことには「自分から線を引く」

作為ある利他は、与えすぎたり、ゆずりすぎたりします。自己犠牲だけなら自己責任と割り切れもしますが、作為ある利他は、周りに多大な自己犠牲を強制します。まさに「呪い」です。この「作為ある利他の呪い」を避けるときは、エゴイスティックになりましょう。

利他を強調しましたが、エゴが力を発揮するときもあります。それは本当に危機のとき。不幸を減らしたいときです。

幸福への道は利他ですが、不幸からの脱却はエゴです。不幸から脱却するには、強烈なストレスを自分にかけて、闘争・逃走することです。

◉「一線」を引いて結界を張る

そして、自分の周りから不幸を排除するのが「結界」の技術です。

私が好きな日本神話で結界というと、人が千人がかりでようやく引くことのできる巨大な岩「千引岩《ちびきいわ》」で、穢《けが》れた国への入り口をふさぐエピソードが思い浮かびます。これは、ネガティブな何かを封印するために、巨大すぎるほど巨大な岩で結界を張ったお話です。

神社には結界の仕組みがあって、それが鳥居や注連縄《しめなわ》。

いずれも、

「ここからは神社の入り口ですよ」

「注連縄が張られているものは神様が宿りますよ」

と、神様の領域とそれ以外との間に一線、引いているわけです。

境界線をもうけて、場所と場所を区別するのが、結界の基本です。

イヤなことに一線を引きたいのであれば、「ポジティブな壁を築く」のが一つのやり方です。ポジティブなことに囲まれるわけですね。

ツイッターでちょっとした炎上騒ぎに巻き込まれた知人がいます。彼は、後になってこう言っていました。

「当時は、炎上でとてもネガティブな気持ちになっていたけれど、幼い自分の子供の相手をしているときは、それを忘れられた」。

これは、日常生活で子供とやりとりしたり遊んだりすることで、ツイッターの世界と現実との間に一線を引けたからです。ツイッターでの炎上は、子供との遊びには全く関係しません。つまり、ネガティブなこととは、全く関係しない世界に行くのです。この方法は、とても有効で、ごく簡単なことです。

◉自分で考えて決めることが大事——「判断基準」のつくり方

とはいえ、それが難しい人や、なかなかできない状況もあります。「緊密」な人間関係で自殺が増えるのは、このように一線を引いて結界を張ることが困難だからです。

関係のない世界へ行くことが難しい場合でも、できることはあります。

自分の中で「これはOK」「これはNG」の判断基準を持つといいですね。その判断基準が、正しいかどうかは、さほど問題ではありません。

それよりも、OKとNGの判断基準があること、そしてその判断基準を自発的に考えて決めることが大事です。

人間関係における結界は、「他人との明確な境界線」です。過剰な気づかいをやめて、過剰な気憑かれを避けましょう。たまにしつこい他人もいますけど、そんなの、よほどの憑き人です。説得はあきらめて、ただそっと、ドアを閉めることです。

3章 呪いをもらわない基本生活

呪いを解くキーワードは「自分を取り戻す」

以前、ある企業の保健師さんから、こんな話をうかがったことがあります。

アルコール依存症になりそうな方へ健康指導をしていた所、その方はワナワナと震えながら、こんな声を上げられたそうです。

「わかってるけど、わかってるけど……、オレには無理やねん!!!」

私はアルコール依存症ではありませんが、この方の気持ちはわかる気がします。

さてここまで読んで、呪いの仕組みはなんとなくご理解いただけたでしょうか?

ただ、仕組みがわかっても、現実のしがらみの中で、憑かれたまま断れない、へトヘトになる、人間関係は改善しない……など、悩み続ける方もいるでしょう。

冒頭のアルコール依存症の方の魂の叫びのように、いくら呪いの仕組みがわかったからといって、実際には、どうにもならない!　という方もいると予想できます。

今の状況がまずいのはわかるが、そんな自分を変えられない、どうしようもないのだと。そこでこの章では、より簡単に実践できる「憑かれないための基本生活」をお伝えします。日常的な動作や行動に落とし込んで、呪いを避けるやり方をご紹介しましょう。

◉なぜ、人に好かれようとすればするほど、嫌われる？

改めて呪いの原則をお話しすると、意図的に誰かの心身を操作することです。そして「憑かれる」とは、他者に心身を操作されることです。

補足すると、明確に呪う人がいなくとも、憑かれることはあります。心身を操作する人が、例えばマスコミやネット、SNSなどを使用して、間接的に操作してくる場合です。あるいは、誰かを呪っているつもりはなくとも、他者が勝手に憑かれてしまう場合もあります。

この呪ったり、憑かれたりする大元をたどると、依存心からくる「承認欲求」や「所属と愛の欲求」です。自由からくる孤独を避けるために、誰かや何かに依存して、憑かれたり、呪ったりします。

それでうまくいけばいいのですが、他者の心身を操作しようと作為的に思考を働かせると、自己中心的になりすぎて、他者から疎《うと》まれます。こうして、依存する他者から高い評価を得ようとして頑張れば頑張るほど、低い評価を与えられてしまう負のパラドックスの完成です。

しかし、逆に言うと、私たちは、考えすぎず（思考を働かせすぎず）、直感的でいさえすれば（つまり本来の自然な状態でありさえすれば）、自分自身も楽だし、他者からも高い評価を得る（好かれる）ことができます。

自分から承認されようと思わなければ、自然と承認されるのです。自然な状態でいると、自分自身が心地いいだけでなく、他者の利益になる行動を自然に取れるようになるからです。

◉お洒落なサングラスで問題解決！　あるイタリアの事例

本来の自然な状態を取り戻すことが、憑かれない基本原則。

そのためのやり方は、実は本当にちょっとしたことで大丈夫なのです。例えば「好みの何かを選択する」こともその一つ。

一つ、興味深い事例をご紹介しましょう。

あるイタリアの化学工場で、経営幹部は、安全のため従業員たちに保護メガネの着用を求めていました。

化学工場で取り扱う物質には、危険物や毒性物質が含まれており、安全性が特に大事でした。工員の保護メガネ着用は、法律上の義務だったのです。

ところが工員たちは、なかなか着用してくれません。操業年数の長い工場などでは、工員たちが危険に対し無頓着になりがちだったのです。

そこで、「うちの工場で厳しく言われなくとも、みんなが保護メガネをかけるとしたら、どういうときだろう？」と問いかけたところ、イタリアの男たちからは、格好よくてお洒落なサングラスなら、文句なく保護メガネを着用すると意見が出ました。その意見をもとに、経営陣がミラーシェイドタイプのスタイリッシュな保護メガネを何種類かつくってみたところ、工員たちはすぐに手に取りました。

そして、ほとんどの時間、危険じゃない区域にいるときでさえ、そのメガネを着用するようになったのです。

事故の危険性をいくら訴えてもダメだったのに、ちょっとお洒落なデザインにしただけで、あっさり問題は解決したのです。

このイタリアの工場の事例は、自分にとって心地よい選択をすることがいかに大切かということを端的に示す、象徴的な事例です。

◉心地いい、しっくりくる服を着ていますか？

派手に飾るのだけが不自然と思われがちですが、格好よくない服装をするのもまた不自然な状態です。不自然な状態が続くと「自分は何が好きで、何がイヤなのか？」という素直な感性が狂ってきます。気に入らない服装ばかり強制され、我慢し続けると、次の流れで感性にズレが生じてきます。

我慢する→不満がたまる→不満を減らしたい（ストレスを発散させたい）と思う→不満を減らしストレス発散になることが、自分の好きなことだと勘違いする→素直な感性が狂う我慢をしすぎると、自然な状態からどんどんズレます。たくさん我慢したがために、求めることをあきらめたり、「我慢しないこと」=「好きなこと」だと誤解したりするようになります。

実は、仮に全く我慢しなかったとしても、心が満ち足りることはありません。「満足すること」と「我慢して不満をためないこと」は、また別の次元・別のモノサシだからです。それだけイヤなことばかりに意識が向いて、自分が何に満足するのか、わからなくなるわけですね。こうしたズレが生じないよう、ズレたら元に戻せるよう、日頃の小さなことから調節するようにしましょう。

サラリーマン時代のリュウ博士が「ランチ」にこだわり抜いたわけ

自分本来の素直な感性を保つには、できるだけ自分好みの選択をすることです。

日常生活において、自分で決められることがあるでしょう。自分で決められる範囲においては、変に我慢せず、好みに忠実な選択をするのです。

好みの選択は「五感」を意識するといいです（もっと正確にいうと、視覚以外の四感を意識して刺激することです。この理由については、次ページで後述します）。

- 視覚：より好みの色を見る
- 聴覚：より好みの音を聴く
- 嗅覚：より好みの匂いを嗅ぐ
- 触覚：より好みの感触に触れる
- 味覚：より好みの味を飲み食いする

五感は、人間にとっての野性で、素直な感性の基本です。美味しいものは美味しいし、まずいものはまずい。自分の五感に忠実になることで、感性の誤作動を調節できます。

◉ソムリエですら「ワインの見た目」にだまされる？

この「五感に忠実でいること」は、すごく単純な取り組みですが、難しい点もあります。

美食家で有名な北大路魯山人《きたおおじろさんじん》のもとには「まずいものを、何とかして美味く食う方法を教えてくれ」という注文がたまに来たそうです。魯山人曰く、

「まずい米は、しょせんまずい。肉も魚類も菜もみな同様であって、一歩も動くものではない。しかし、美味そうにごまかす手はある。それは偽りの美味であって、本来の美味ではない。インチキでだます手はある。こう答えるよりほかはない」

とのこと。それでも、味をだます方法はあります。

それは、視覚の活用です。脳は、味覚よりも視覚の情報を優先するからです。

フランスのソムリエ養成学校の生徒に、ワインのテイスティングをさせた実験があります。白ワインに赤い着色料を混ぜ、見た目は赤ワインと区別がつかないようにしてからテイスティングさせると、赤ワインのテイスティングで使用される味や

香りの表現が多く出現しました。

また別の実験で、ワインの中身は同じで、ボトルのラベルと値段を変えて美味しさを比較させたところ、同じ値段だと伝えたときは、どちらのワインも同程度の美味しさに感じますが、「片方のワインの値段の方が高い」と伝えてからテイスティングさせると、中身は同じなのに「高い」とされたワインの方が美味しいと答える率が高くなりました。つまりソムリエ養成学校の生徒たちは、ボトルのラベルと値段にだまされたわけですね。

人は、口の中の実際の味よりも、目に映るインチキ情報を信じます。だからこそ、**五感の中でも特に「視覚以外」に忠実になることが、素直な感性を取り戻す鍵なのです。**

◉黙々おじさんに学ぶ「素直な感性の取り戻し方」

視覚の作為にごまかされないお手本がいます。「黙々《もくもく》おじさん」です。

これは私の造語ですが、ビジネス街のランチタイムで、見た目のキレイさには欠けるお店で、黙々とご飯を食べるサラリーマンのおじさんたちのことをいいます。

黙々おじさんが集まる店は、見た目の華やかさでは有名店に劣るものの、味は間違いなく美味しいです。

うちの近所にも、サラリーマン風のおじさんたちばかり集まって、黙々と食べている定食屋があります。10名も入れない小さな店で、ちょっと耳も遠くなった年配のご夫婦だけで店を切り盛りされています。

ランチの値段は、だいたい６００円から８００円までとリーズナブル。

特別な美味しさはありませんが、チェーン店の料理にはない、手作りの温かみがあります。注文したらすぐ出てくるので、時間をかけずにさっと食べることができます。食べ終わったら、お膳を自分でカウンターに運んで返して、お会計。この一連の流れには暗黙の了解のような空気がただよい、どこか神聖な儀式めいています。

私も約15年間、サラリーマン生活を送ったので、おじさんたちがこのお店に集まる理由がよくわかります。**素直に「美味しい！」と思えるものを食べて、自分自身を取り戻すためです。**私自身、サラリーマン時代は、美味い店での黙々ランチタイムが、自分を取り戻す大切な一時でした。

何度も申し上げますが**「満足すること」**が大切です。「満足を増やす欲求」に忠実に、足りる感覚「足るを知る」を実感していると、憑かれません。

「香りの力」で自分を取り戻す簡単な方法

かつて住んでいた街を20年ぶりに訪れて、温かい感情で胸がいっぱいになったことがあります。

（なんだこの情報は？　あ、これが「なつかしい」という感覚なのか。でも、どうしてこんなに感情があふれるのだろう）

冷静になって振り返ると、かつて住んだ街の匂いが、20年前の私の感情や記憶を呼び覚ましたのでしょう。

◉「嗅覚」が他の五感よりも意味を持つ理由

モネル化学感覚センターの感覚心理学者パメラ・ダルトン博士によると「嗅覚システム（匂いの感覚の基礎）は、他のどの感覚よりも直接的に、感情や情動記憶をつかさどる脳のシステムとつながっている」とのこと。

嗅覚以外のすべての感覚情報は、視床で処理された後、脳の関連領域に伝達されます。視床は脳のほぼ中央に位置し、多くの感覚情報を大脳皮質に送る中継基地です。しかし、匂い情報は、脳にある感情と記憶の中枢「扁桃体と海馬」に直接伝達されます。そのため他の五感よりも、感情と記憶に大きな影響を与えるのです。

かつての自分を取り戻すのに、嗅覚は強力なツールになり得ます。

◉いい香りで「考えすぎ」からそっと抜け出そう

呪いとの関係でいうと、嗅覚の特徴は、自動思考が働かないのが利点です。

自動思考とは、何かあったとき、パッと頭に浮かぶ考えのことです。たくさんの仕事を依頼された瞬間、思わず「無理だ！　こんなのできない！」と思うとか、上司にランチに誘われて、とっさに「この後、注意されるのかな⁉」と不安になるなどが、まさにそれです。

憑かれていると、この自動思考がネガティブなことばかりになります。

そうすると、本来ならありがたいと思うことをバカにされたと思ったり、本来なら好きなことをイヤだと思ったりして、感情が誤作動を起こします。
ところが嗅覚は、自動思考を通さないため、素直な感情を湧き起こしてくれます。いいものはいいし、イヤなものはイヤだと、自動思考からくる妄想にとらわれることがありません。妄想が始まる前に感情が湧くからです。

嗅覚に敏感でいると、洞察力が高まります。隠されているものを察してうまく探り当てることを「嗅ぎ付ける」といいますが、実際に嗅覚がもたらす感情に敏感になることで、自分にとって快適なことか不快なことかがピンと来やすくなります。

またお金が動きそうな計画を「お金の匂いがする」というように、儲け話にも敏感になります（儲け話を快適と感じるか不快と感じるかは、個人の価値観や状況によりますが）。

◉普段から「好きな香り」を思い切り楽しもう

嗅覚に敏感になることは、本当に簡単なことです。

例えば**「花のある暮らしをする」「好きな香りを身にまとう」**など、**日常生活で自分が好ましく思う匂いを嗅ぎます。**

【嗅覚は「本来の自分」に立ち戻らせてくれる】

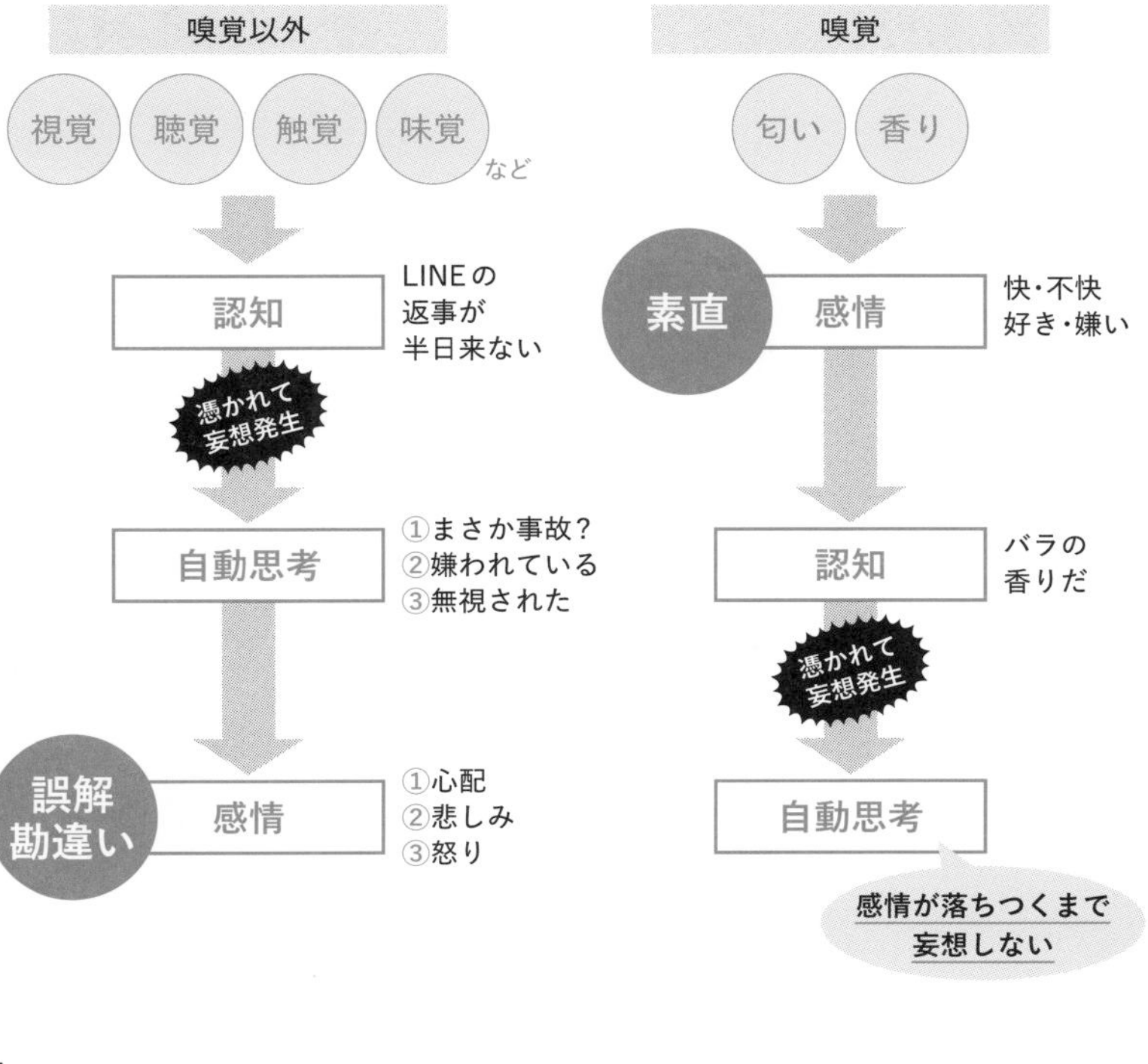

嗅覚トレーニングをご存知でしょうか？

実は、嗅覚は加齢と共に衰えます。嗅覚にかかわる嗅神経細胞は、匂いの刺激を与えないと死滅が進み、嗅覚が衰えます。そうすると「ガス漏れの匂いに気づかない」など、安全上のリスクもあります。

そして、ネガティブな自動思考にも、より捉われやすくなります。

そこで嗅神経細胞の再生を促すために、嗅覚トレーニングをおすすめします。ある実験によると、４種類の匂いを15秒ずつ２回嗅ぐ嗅覚刺激を、１日に２回（朝と晩）、３カ月以上にわたって行うと、嗅覚能力が改善する可能性が高いと報告されています。

「これは○○の匂い」と意識して嗅ぐとより望ましく、また嗅ぐ匂いは何でもありです。**花、香水、アロマ、コーヒーなど。どうせ嗅ぐなら、お好みの匂いを嗅ぐとよいですね。**

嗅覚を鍛えて、呪われる以前の状態を取り戻しましょう。

憑かれない部屋づくり①
「睡眠」に集中できる寝室を

味覚、嗅覚と来たら、次は「**触覚**」です。

別の言葉にすると「肌《はだ》感覚」ですが、これがかなり奥深く幅が広いです。例えば人間関係の距離感が近くなるほど、肌感覚が合うことは重要です。恋愛など特にそうで、それだけで1冊の本になるテーマですね。

中でも触覚が特に重要になる時間は、睡眠時間です。睡眠は多くの人にとって、日常生活の中で、そして人生全体において最も多くの時間を使います。視覚などがお休みする中、触覚の最も活躍するテーマは睡眠だといって過言ではないでしょう。

睡眠は1日の疲れを落とします。つまり、憑かれも落とすわけで、と言ったら、こじつけすぎとお叱りを受けそうですが、**「寝不足の症状」**と**「呪われている人の症状」は似ています。**

さらに、哀（悲）しいときの人の反応ともよく似ています。

「寝不足≒呪われて（憑かれて）いる」≒「哀しい」です。

呪われているときも哀しいときも、人は布団に入って横になりたくなります。寝不足になると、快は減り、不快に耐えられなくなります。

脳の器官で、主にネガティブな感情をコントロールする扁桃体が過剰に反応するようになるため（一晩、寝不足になるだけで、約60％も反応しやすくなります）、不安や混乱、恐怖、怒りなどが出やすくなり、気分も落ち込みやすくなります。些細なストレスにも過敏に反応するわけですね。そして、ポジティブな感情が減少します。

1章の内容を思い出してください。呪術にかかったと判断された人は、行動の異常、特に対人行動に異常が見られました。寝不足もまた、行動異常が出やすくなるのです。

◉「よく眠る」だけで、ずいぶん変わる！

となると、寝不足解消は呪術対策に直結します。睡眠で疲れだけでなく憑かれも落とせること、ご納得いただけたでしょうか。

眠りの質を高めるコツは、寝室を眠りに集中できる環境に整えることです。

【望ましい寝室の環境とは?】
- 基本、部屋にベッドしかない。
- 肌に触れるシーツやかけ布団は、特にお気に入りのもの、心地よい肌触りのものにする。

以上です。寝室にテレビは置きませんし、スマホなど通信機器も置きません。仕事関係のものも持ち込みません。ただ寝るだけの部屋です。

スマホを寝室に持ち込むなら、せめて枕元には置かないこと。例えば足元とか、自分から離れた場所、簡単に手に取りにくい場所に置きましょう。

「ただ寝るだけ」の部屋をつくるのが、憑かれ対策の理想です。

◉「物の多さ」と「憑かれ度」は比例する

家にそこまで広い空間がないという場合は、シンプルに部屋の物全体を減らすことです。

憑かれるほど部屋の物も増えますから、バッサリ捨てるとスッキリします。

例えば、買い物をしたのに、開封しないで放置している物がたくさんある場合は、相当に憑かれています。「今の自分に必要なもの」がわからなくなって、不要な物を買っているわけですから。

「自分の今の状態はまずい。変えよう！」と決意されたら、放置している物は、何も考えずに全部捨てましょう。私自身、よくやる方法です。

パッケージを開封はしたけれど、使っていない物がたくさんある場合も、同じく憑かれています。潔く捨てることをおすすめします。「いつか使うかもしれないからもったいない」と思うでしょうけど、その「いつか」よりも、「今この時」の方が大事です。

◉部屋に「アロマやお香」を取り入れる

憑かれを取る部屋というと、盛り塩をする、パワーストーンを置くなど、オカルト・スピリチュアルグッズの使用が思い浮かぶ方もいるでしょう。これに関しては、肯定する材料も否定する材料も私は持ち合わせていないので、何とも言えません。

ただ、アロマやお香のような香りグッズは、間違いなくおすすめです。

前述したように匂い情報は、脳の「扁桃体と海馬」に直接伝達されますが、睡眠不足による「扁桃体の過剰反応」で、嗅覚の異常を招くことがあります。

逆に言えば、寝不足解消で、嗅覚の異常も改善する可能性があるということ。**寝るときにいい香りを嗅ぐことで、相乗効果が期待できます。**

アロマといっても多種多様ですが、睡眠に効果があるとされるのはラベンダー、ベルガモット、シダーウッド（セダーウッド）などです。特にシダーウッドは、主成分のセドロールに、寝つきがよくなり、眠りも深くなる効果があります。

睡眠で「足るを知る」経験をし、クセになると、1日の4分の1以上の時間が満ち足りることになります。あなたの「疲れ」と「憑かれ」を、スッキリ落とし切りましょう！

憑かれない部屋づくり②

「除湿」は最強の除霊対策!?

巷《ちまた》では「除湿は除霊になる」と、まことしやかに言われています。もし本当なら、呪い対策に除湿は欠かせません。

確かに心霊現象をイメージしてみると、幽霊は湿っている印象があります。例えば、幽霊がタクシーに乗ってきて降りたら、さっきまで幽霊が座っていた部分のシートが濡れていた……という怪談など。湿気のムッとするうっとうしさが、霊的な現象を連想させるのかもしれません。

客観的にいえば、梅雨のじめじめした季節は、日照低下・低気圧・高湿度などの気象条件が扁桃体を活性化させて、気分の落ち込みをもたらします。

睡眠不足だけでなく高湿度も、扁桃体の過剰反応を引き起こすわけですね。

除湿が除霊になるかどうかは脇に置いたとして、確実に憑かれ対策にはなります。不安や恐怖などのネガティブ感情に取り憑かれるのを防ぐのに、役立つからです。

◉「睡眠」と「湿度」の意外な関係

夏は寝不足になりがちですが、その主な原因は湿度です（気温の高さよりも湿度の高さの方が、より睡眠への影響が大きいようです）。

寝具メーカーの老舗・西川（株）が運営する日本睡眠科学研究所によると、寝床内の最適条件は「温度33±1℃」「湿度50±5％ＲＨ」。

夏場は、吸湿性に優れた麻のシーツや布団カバーを使用したり、就寝前にエアコンの除湿機能を使用したりして、部屋の湿度を下げるとよいでしょう。

体内部の体温が下がると、人は自然と眠くなり、また深く眠れます。しかし湿度が高いと放熱しにくくなるため、体温が下がりにくくなり、結果、寝つきが悪く、深くも眠れなくなるのです。

また、部屋の空気がよどみやすいところに除湿剤を使用します。**湿気は、空気がよどむところにたまりやすいからです。**クローゼットのいちばん下の奥、靴の中などを重点的に。

除湿のことばかり申し上げましたが、もちろん冬場の乾燥しすぎも健康上の問題を起こします。室内の湿度が40％以下になると、風邪やインフルエンザなどのウイルスが繁殖しやすくなります。

かといって加湿しすぎると、カビやダニがよく発生します。適切な湿度管理をすると共に、朝起きたら部屋の換気をするなど、部屋のよどみを解消すると、ストレスという名の憑かれもたまりにくくなるでしょう。

「扁桃体の過剰反応」がポイント！超・科学的な呪い対策

「扁桃体の過剰反応をおさえるのが、呪い対策のポイント？」

あ、気づかれてしまいましたね。

扁桃体は危険に遭遇すると活性化し、不安や恐怖に対応しようとします。「闘争」もしくは「逃走せよ」と指令を出すのです。何も悪いことではなく、動物としての生存本能ですね。

ただずっとストレスにさらされ続けると、扁桃体の活性化がおさまらず、興奮し続けたり、些細なことで興奮しやすくなったりします。**つまり、危険が去っても、あるいは特に危険じゃないのに、不安や恐怖を感じ続けるのが、扁桃体の過剰反応です。**呪いの原因の一つでしょう。

この扁桃体の過剰反応を鎮めるには、すでに申し上げたように、一つは寝不足の解消であり、もう一つは、五感の中で一つだけ、扁桃体と直接つながる嗅覚を利用して、鎮静作用のある香りを嗅ぐことです。

実は五感の中で視覚だけは、扁桃体を興奮させやすいため、視覚以外の四感に刺激を与えることが、扁桃体の過剰反応を鎮める方法なのです。

視覚以外の刺激が入ってくると脳の注意がそちらに向くため、不安や恐怖が鎮まりやすくなります。

◉精神科医も保証する、運動の「不安解消」効果

視覚以外の四感への刺激で、わかりやすい方法が「運動」です。

精神科医の樺沢紫苑さんのお言葉を借りると、

「運動・睡眠・朝散歩がメンタル疾患《しっかん》を治す基本」

「運動で不安のほとんどが解消します。運動した直後は不安がすごく低下しますし、感情のコントロールも高まり、ドーパミンという幸福物質も出るので非常にハッピーな気持ちになれます」

「あれ、呪いってメンタル疾患なの？」と思った方もいるかもしれません。1章でご紹介したマレーシアの祈祷師「大ボモ」がやるようなことの多くは、現代日本では、精神科医や臨床心理士、カウンセラーと呼ばれる人たちの役割です。

運動をおすすめしましたが、動けるうちは動いた方がいいです。大ボモが呪いにかかっていると判断した人たちは、かなりの人が動けなくなります。「引きこもり」のような状態になる人が多いのです。

だからこそ、動けるなら動いた方がいい。運動は「運を動かす」と書きますが、まさに開運するかのように精神的によい影響があります。

◉断食道場で「体重が減るとき、減らないとき」

私自身は全くの運動不足タイプですが、それでもたまに運動すると気持ちいいですからね（もちろん運動といっても、散歩や軽いジョギング程度です）。

私はたまに断食施設に行くのですが、そこで面白いことに気づきました。私の経験ですが、**断食中に体を動かすか動かさないかで、体重の減りが大きく違うのです。**断食中にゴロゴロしてばかりで体を動かさないと、全然体重が減らないんですよね。だから、断食施設ではただ食べないだけでなく、散歩などで軽く体を動かすことは必須に思います。

断食施設では、どうせやることもないですし、30分ほど外を散歩することにしています。たったそれだけで、私の場合は1日に1～2キロは減ります。元の体重が重いからでもありますが、それでも、体の軽さが全然違うなと思います。

運動すると少々疲れますが、汗と共に不安や恐怖などの憑かれも取れていきます。

適度な運動は体の調子が改善するだけでなく、メンタルも改善するので、一石二鳥です。そこまでわかっていても私はなかなかやりませんが（苦笑）、運動できる人はやった方がいいと断言します。

「自分と付き合うルーティン」をつくり、憑かれを鎮めよう

憑かれない方法をまとめると、「興奮しない」「ネガティブな自動思考がたくさん出ない」時間や環境を、「意識的に」つくって、扁桃体の過剰反応を鎮めることです。

具体的な事例として参考になるのが、長谷部誠さんの「ナイトルーティン」。長谷部さんはサッカー日本代表で長年キャプテンを務め、39歳になってもサッカー強国ドイツのトップリーグに出場し続ける、超一流のサッカー選手です。

長く活躍する長谷部さんのナイトルーティンは**「心を鎮める30分」**というもの。練習を終えて部屋に戻ると、長谷部さんは電気をつけたままベッドに横になります。音楽やテレビは消して、目は開けたまま、天井を見て、息を整えながら全身の

力を抜きます。この時、ひたすらボ〜ッとするもよし、頭に考えが浮かぶのをただ眺めるのもよし。とにかく、ザワザワとした心を少しずつ鎮静化させます。

このとき、ベッドに横になっているけれど、寝てしまうわけではありません。長谷部さんは、電気やテレビをつけたまま寝たことはないそうです。

◉日々苛酷な運動に励むサッカー選手だからこそ

サッカー選手の練習は当然ながら激しい運動で、つらい・苦しいと感じます。そのため交感神経が活発になり、扁桃体も興奮して、闘争本能が活性化します。だからこそ、**興奮しない時間を「意識的に」つくることで、扁桃体の過剰反応を鎮めることができます。**

「憑かれる」とは、他者に心身を操作されることでした。

「憑かれを解く」とは、自分で自身の心身を意識的に操作することです。

長谷部さんはナイトルーティン「心を鎮める30分」をやるため、周りのチームメイトから「付き合い悪いよ」と言われることがあるそうです。

でも、それでいいのです。お付き合いを否定するつもりはありませんが、「自分との付き合い」もまた大事なのですから。

◉湧いてくる雑念に対し、一切「ジャッジしない」

心を鎮めるには、座禅や瞑想ももちろんよいでしょう。座禅や瞑想をすると、いろんな雑念が頭に浮かんできます。

この話をするとき、よくある質問が、「瞑想すると、雑念がいろいろ湧いてくるんですが、これでいいんでしょうか？」というもの。

この質問に対して真剣にお答えするなら「いいも悪いもない」です。

雑念が湧いてくるのは、自然なことです。掃除をすると最初はホコリが舞うように、心を静かにすると、最初は雑念が舞います。ですから、「そういうものなので、気にしないでください」が答えになります。

もっと細かく正確にお答えするなら、雑念が出ること自体はいいのだけど、雑念が出ることに対して、「いいの？　ダメなの？」とジャッジしようとするのはダメです。

雑念に対する扱いを言葉で説明すると「何もしない」です。埃《ほこり》や道端の石ころに対するのと同じ扱いです。（いろんなことを思う）だけのこと。（いろんなことを思う）ことに対して、良い・悪いのジャッジはなく、何とも思いません。ジャッジできるけどしないのではなく、石ころを見たときのように、ジャッジという概念が発想として浮かばなくなる状態のことです。

◉「活動的な手段」の方が合っている人もいる

瞑想をして、「雑念が出るなんて、まだまだ自分はダメだ！　あ、また雑念が出た！」などと思い続けると、どんどん不安や怖れに取り憑かれて、扁桃体が興奮し続けます。扁桃体の過剰反応がおさまらないようだと、瞑想がうまくいっていない状態です。そもそも常に危機感を感じて扁桃体が興奮し続けている状態だと、瞑想をすること自体が難しいかもしれません。

だとすると、前述の運動のように、もっと活動的な手段の方が合っているでしょう。いろいろお試しして、ご自身に合う手段をお選びください。

「写経・読経・お祓い」で、脳の前頭前野を活性化

仏教の修行で、お経を書き写したり、声に出して唱えたりします。お経を書き写すことを「写経」、声に出してお経を読むことを「読経」といいます。

この写経と読経、扁桃体の過剰反応をおさえるのに優れたやり方です。不安や恐怖に憑かれた状態を解消できるのです。

なぜなら、読み書きは脳の前頭前野を活性化させるからで、前頭前野が働くと、扁桃体の興奮も抑制されます（前頭前野は、脳の前方にある領域で、理性や論理的思考を担当します）。

◉まるでスパイ映画の世界!?
――扁桃体の過剰反応で起こり得ること

以前、友人から「仕事のプレッシャーで、精神的にものすごく追い詰められた状

態になったことがある。そのとき、当時付き合っていた彼女のことを、なぜか会社のスパイだと思い込んでしまい、つい感情的になってひどく責めてしまった。今思うと、どうしてそんな馬鹿なことしてしまったんだろう……」と打ち明けられたことがあります。**その友人は、精神的に不安定になった結果、会社に監視されているという不安や恐怖に取り憑かれて、扁桃体の過剰反応が起こっていたわけですね。**

当たり前ですが、会社が末端社員にスパイを送り込んだり、社員の恋人をスパイに仕立て上げたりすることは、常識的にはあり得ません。

その友人は、まさに妄想にとらわれ、〝憑かれていた〟状態だったのでしょう。プレッシャーを感じたり、追い詰められた精神状態になることは誰にでもあると思いますが、冷静な状況判断を前頭前野がすることで、不安や恐怖をおさえるのです。

◉僧侶や神職は、なぜメンタルが安定している？

東北大学加齢医学研究所所長の川島隆太教授は、前頭前野を活発にさせる方法を多数紹介しており、**中でも読み（音読）・書き・計算の効果**を説いています。漢字の書写のように「目的を持って手を動かす」と前頭前野はよく働くし、音読もよいようです。音読の対象は何でもよく、書くことも何でもいいです。
私はブログをよく書いていますが（インターネット上に書き込む個人日記・個人新聞のようなものです）、**ブログを書くのも「目的を持って手を動かす」ですから、前頭前野が活性化されます。**

ただし、「マメに毎日やること」が脳の活性化に大事な点なので、お坊さんのように、毎日読経するくらいの気合いは必要です。もちろん毎日ブログを書くのもよいですし、英語の勉強をしている人が、英文を音読したり筆写したりするのも効果的です。

例えばの例として「写経」「読経」をあげましたが、神社だと祝詞《のりと》の奏上が読経に相当します。祝詞は神道で神様に祈るときの言葉で、神職さんがお祓いなどのご神事をするときは、必ず祝詞を唱えられます。
神道で一番有名な祝詞は「大祓詞《おおはらえのことば》」といって、すべて読み上げると5〜6分ほどかかります。大祓詞を毎日読み上げるのも、脳科学の視点で見ると憑かれを取るのに役立ちます。まさに「お祓い」です。

真面目にお務めされる神職や僧侶の方々は、前頭前野がよく活性化して、理性的・論理的で、憑かれない安定した精神の持ち主でしょう。この話を聞いて、書くこと、音読することへのモチベーションが上がれば幸いです。

「快」を集めるほど呪いが解ける、その仕組み

憑かれを取って呪いにかからなくするには、いろいろな方法があるなあと思っていらっしゃるでしょう。このいろいろな方法、実は「共通点」があります。

それは、**「気持ちいい」ことです。**

快か不快かでいえば、明らかに「快」です。なぜなら、憑かれを取る解決法が「扁桃体の過剰反応をおさめる」ことだからです。不快なことをして苦痛を味わうと逆効果で、扁桃体の過剰反応はさらに続きます。

憑かれを取るには、不安や混乱、恐怖、怒りなどをおさえ、ポジティブな感情を増やすのですから、「快」「気持ちいい」ことばかりになって当然です。

◉とはいえ、何事も「やりすぎ」厳禁！

ですから、運動も苦痛になってまでやり続けないことです。

運動すると負荷がかかって、そのときはしんどいですが、終わった後は気持ちいい。しかし、ハードな部活さながらに激しく運動し続けるのは、それだけ身体への負担も大きく、しんどさの方が勝ります。苦痛をくり返し感じ続けると、やはり扁桃体が過剰に反応してしまい、これでは逆に憑かれを強化してしまいます。

扁桃体の過剰反応を鎮めるには、視覚以外の四感に「気持ちのいい」刺激を与えて、不安や恐怖を感じにくい状況をつくることです。

例えばリラックスする音楽を聴きましょう。温泉やサウナ好きの人なら、どんどんそれらに出かけていって全身で心地よさを体験してください。マッサージがお好きならマッサージもいいですね。

いろいろな方法を紹介してきましたが、これを読んで「だったら、これはいいのか？」「これはダメなのか？」と確認したくなる方もいるでしょう。

【自分が「心地よくなれるもの」を集めてみる】

とはいえ、あれはどう、これはどうと、一つひとつの疑問にお答えすることはできませんので、いいかダメかの総合的な判断基準を示します。

［憑かれを取る手段や方法の判断基準］
・視覚以外の四感を〝気持ちよく〟刺激するか？
・興奮がおさまるか？
・思考（考えすぎ、気にしすぎ）が減るか？

注意点は、ある手段や方法がおすすめできるか否かは、人によって違うということです。例えば温泉が好きな人にとって、温泉に入ることは触覚に気持ちのいい刺激を与えてくれますし、興奮がおさまってリラックスし、考えすぎが減っていく「いい手段」です。このような人にとっては、温泉に入ることは憑かれを取るのにピッタリの方法といえるでしょう。

しかし、「いや、私は温泉が嫌いでして!」という人にとっては、そうではありません。温泉に入ることで不快な刺激が与えられ、そのため興奮がおさまらず、「イヤだなあ、でも体にいいのだから我慢しなくては……」と、かえって「思考」でいっぱいになってしまいます。このような人にとって、温泉は、むしろ憑かれの取れないダメな手段です。

このように好きか嫌いは、人によって違いがあります。モーツァルトの音楽が好きな人もいれば、そうじゃない人もいます。憑かれを取るには「あなた好みの選択」が大事なこと。なので、ぜひご自身の感覚と相談して「あなたにとっての快」をお選びください。

精神的な自立には、「クリエイティブなことを楽しむ」がベスト！

ここまで、科学的に効果が検証されたことを、かなりページを割いてご紹介してきました。

ただ、私も科学者のはしくれですが、科学は万人共通の物差しではありません。「全体的な傾向」くらいに思ってくださるといいでしょう。

瞑想すると前頭前野が活性化すると実験で示されたとしても「全員そうなる」わけではないし、また、効果の程度も人によって異なります。ですから、どんなに「よい」とされる方法を聞いても、「自分自身にとってどうか？」だけは、自分自身で検証する必要があります。逆に言えば、他の人はともかく、私にとっては「例外的に」よい方法もきっとあるはずです。

◉「あなたのオリジナリティ」が叶えてくれること

「憑かれる」とは、他者に心身を操作されること。

「憑かれを解く」とは、自分で自身の心身を意識的に操作することです。

呪いから解放される根本は「精神的に自立する」ことです。

精神的な自立は、自然に起こることなので、方法を言うのは少し違和感があるかもしれません。それでも申し上げると**「創造」や「自己表現」と呼ばれる取り組みが、自立につながります。**

一般的に「自立する」というと、「経済的な自立」が真っ先にイメージされると思いますが、ここでいう自立は「精神的な自立」のこと。ですから、単にお金を稼げばいいという話ではありません。

とはいえ、ビジネスを自分で起こしてみるのは、やはり精神的な自立に直結すると言えます。自分で商売することは、創造や自己表現であり、精神的な自立になる可能性が高いでしょう。自分でいいと思う商品をつくり、売ってみるのですから。

こんなことを言うと、

「私は会社員です。雇われの身では、精神的な自立は叶えられないんですか？」

とツッコミを入れられそうですね。

結論から言うと、**たとえ雇用される側に従事していても、創造的な仕事をすることはできます。**

やれることは、たくさんあります。「自分の責任でやってみること」「自分が率先して始めること」は、だいたい創造的で自己表現です。**必ず何らかの「オリジナリティ＝独自の新しさ」があるからです。**

世の中に一人も同じ人間はいません。自分でやってみたことは、たとえ他で同じようなことがされていたとしても、独自の何かが、どこかしらに必ずあるものです。

◉「消費だけの人生」か「創造する人生」か

具体的に何か、つくってみるのもいいですね。

絵を描く、俳句を詠む、音楽をつくる、本を書く、詩をつくる、写真を撮る、マイホームを建てる、服をつくる、旅行やイベントの企画を立てる……など、「創意工夫」をすることであれば、何でもいいです。私が先ほど商売をおすすめしたのも、ビジネスは、会社や事業を自分でつくることだからです。

もっと簡単なことで言えば、デートのプランを立てることも創意工夫ですし、誰かにプレゼントをあげるときに、どんなものが喜ばれるだろうかと考えることも創意工夫です。相手がいなくても、自分で一人遊びを楽しむプランを立てることだって、立派な創意工夫です。

「自身の興味や好奇心を追求すればするほど、自立する」からです。

◉「食べ歩き」一つにも創造性がある

例えば最近、お酒好きな人が、いろんなお店に出向いて、一人飲みの食べ歩きを楽しむ動画を配信し、人気を博していたりします。こういう動画で収益を得ることを「経験代行業」といいます。動画出演者があなたの代わりに経験して楽しむことで、同じように楽しむ擬似体験を提供しているわけです。

あなたがもし、こういうことに興味があるなら、動画で擬似体験するだけでなく、実際に自分で飲み歩きをしてみるのはどうでしょうか。

現代は、たくさんの選択肢の中からいろいろなことを気軽に楽しめるようになりました。食べ歩きをするのだって、SNSで見た場所と同じところに行くのか、自分でいろいろなお店を調べて選ぶのか、行き当たりバッタリに任せるのか……創意工夫が必要です。**この創意工夫が、精神的な自立のエネルギーをもたらします。**

◉「経験することそれ自体」が幸せにつながる

だからって、食べ歩きを〝しなければ〟と思わないでくださいね。

ご自身の好奇心が動くことを、何でも追求してみてください、と言っているのです。その好奇心が、ワクワクすることなのか、安心することなのか、テンションが上がることなのか、静かに興奮することなのかわかりませんが、どんな好奇心でも、公序良俗に反しない範囲で楽しむのが肝心です。

好奇心を追求して楽しむことは、自分で自身の心身を意識的に操作して呪いを解く経験になりますし、また「経験すること」それ自体を楽しむことが、幸せにつな

がります。

1章でも触れた、「満足（幸せ）を増やす欲求」と、「不満（不幸）を減らす欲求」の話を思い出してください。

人が満足して幸せになるのは、仕事の場合、仕事の内容それ自体がもたらす欲求を満たしているときでしたね。仕事で能力を発揮したい、能力を向上させたい、その結果、誰かに喜ばれ感謝されるとうれしいといった欲求です。

その喜んでもらう「誰か」は、もちろん自分自身でもいいのです。

自分で自分を喜ばせればいいし、他人が能力を発揮して自分が喜ぶのもいい。だから、**あなた自身が楽しむことが肝心です。**食べ歩きなら、食べ歩きすること自体を楽しんで満足する。あなたが楽しめば、あなたもお店の人も満足を増やせて、みんな幸せです。

憑かれの根本原因は「エネルギー漏れ」

急にオカルトな話で恐縮ですが、ホテルの部屋などで何かゾクッと寒気がすることってありませんか。私自身は、よくあります。「何か霊が憑いている！」みたいな話かもしれません。

先日、とある山間地のホテルに泊まったときのこと。まさにそんなことがありました。部屋に入った途端、「ちょっと気持ち悪いな……」と感じたのです。

でもまあ、部屋を変えるほどでもないのでそのままインスタグラムなど見ながら過ごしていたところ、ちょうど私の友人の新しい投稿に気づきました。その友人が一人語りをする動画です。早速、動画を拝見してみたところ、すぐに、それまで感じていた謎の寒気が消えました。

「あれ？　たまたまかな？」

気のせいかもしれないと思いましたが、何となく気になります。そこで、別のホテルなどでも何度か検証してみることにしました。

薄気味悪い部屋にあたったら、その友人の動画を、スマホで音量を出して流してみたのです。すると、友人の動画を流すことで、それまで感じていたゾクッとする気味の悪い雰囲気をすぐに消せることがわかりました。

また、面白いことに、その友人と誰かの対談動画だとあまりそうはならないのです。友人が一人で語っている動画の方が、断然〝お祓《はら》い〟効果が高い。

やはり、その人自身の何かが、寒気を追い払っているようです。

「一体、この人の何が、そうさせるのだろう？」

興味を持って、考察することにしました。

ちなみに、その友人とは、ライフスタイルアーティストの吉良《きら》久美子さんです。別に霊能者とか祈祷師とか、そういう類の人ではありません。確かにちょっとスピリチュアルなテイストはありますが、優秀なビジネスパーソン（経営者）です。

ただ、吉良さんがよく語っていて、かつ「呪いを解くこと」に関係していると私が思ったことがあります。

それは、**「エネルギー漏れ」**という考え方です。

ここでいうエネルギーとは、石油や天然ガスのことではなく、人間の持つやる気や元気、運気といった、精神的な「氣エネルギー」のことです。

私たちは、本来の状態なら、エネルギーに満ちて楽しくいられます。しかしエネルギー漏れが起こっていると、運動をして体力的に疲れているわけでもないのに、体が重くて疲れている状態になります。まさに「憑かれている状態」です。

◉「エネルギーが漏れている人」の大きな特徴

吉良さんの著書『エネルギー論』（廣済堂出版、2022年）によると、エネルギー漏れの原因は、大きくこの2つなのだそうです。

（1）自分の本心をごまかしている
（2）他人の目を優先しすぎている

本心をごまかすというのは、例えば「これを言ったら（やったら）怒られる」→「怒られたくないから言わない（やらない）」です。

私自身の場合よくあるのは「これを言ったら（やったら）格好悪いな」→「格好

悪いと思われたくないから言わない（やらない）」です。

自分の本心を曲げるとエネルギーが漏れ、そして相手から思った反応が返ってこなければさらにエネルギーが漏れるとのこと。

吉良さんの書籍で、このエネルギー漏れの具体的事例として、あるご夫婦のエピソードが紹介されていました。わかりやすいので、こちらでご紹介します。

このご夫婦、夫が妻に対して威張っていて、妻が夫に遠慮している関係なのだそうです。妻は、夫に怒られるのが怖いから、言いたいことを言わずに我慢している。一方、夫は妻が我慢している気持ちを汲み取ることができず、「何が言いたいんだ！」「お前はこちらの気持ちをわかってくれない！」とすぐにキレるのだそうです。

私がこの事例を見て思ったのは、このご夫婦は、それぞれ我慢のタイプが違うのかなということ。

夫さんは私のように「格好つけ」タイプの我慢をする方かなと思いました。このタイプの人は、とかく格好つけてやせ我慢するのです。一方、妻さんの方は、怒られないように、相手に「すり寄る」タイプの我慢をする方のようです。

「憑かれない関係」は「エネルギーを高め合う関係」

実は、同じタイプのエネルギー漏れしている人同士だと、案外うまくいきます。なぜかというと、同じ格好つけ同士なら、お互い格好つけ合いますので、それが結果的にエネルギー交換になるからです。「格好つける」＝「ギブ（与える）」です。

相手が格好つけて漏らしたエネルギーをこちらが受け取ったら、すぐに自分も格好つけて漏らし返しをするので、お互い格好がつくし、損もしません。与え合っているからです。

同じように、怒られないよう相手にすり寄る人同士なら、お互い相手に怒られないようゆずり合いますので、それが結果的にエネルギー交換になります。「ゆずる」＝「テイク（取る）」を控える」です。

相手がすり寄って漏らしたエネルギーをこちらが受け取ったら、すぐに自分もすり寄って漏らし返しをするので、お互い相手を怒らせずにすり寄り合えて、損もしません。控え合っているからです。

◉だから、「似た者同士」は居心地がいい

エネルギーを漏らし合うことで、格好つけ同士はお互い「面子《メンツ》が立つ」し、すり寄る人同士はお互い「安心する」。酒の席で杯を酌《く》み交わすようなものです。

我慢するタイプの人同士の漏らし合いの関係は、「損をしない共存関係」です。

より正確に言うと、エネルギーを漏らし合う中で、お互い、ほんの少しは損をします。本当はちょっとだけお互いマイナスがあるのですが、自分だけでなく相手も我慢したことはわかっているので、お互い不満はありません。

◉「一緒にいるだけでストレスがたまる」はなぜ起きる？

ところが、我慢のタイプが違うと、こうはいきません。特に前述のご夫婦のような「格好つけ我慢」と「すり寄り我慢」の組み合わせだと、お互い相手が我慢していることに気づけません。

「格好つけ我慢の人」が格好つけて漏らした（与えた）エネルギーを、「すり寄り我慢の人」は黙って受け取りますし、「すり寄り我慢の人」が漏らした（取るのを控えた）エネルギーを、「格好つけ我慢の人」は気づかずスルーします。だから、このような不満がお互い爆発します。

格好つけて与えてあげたのに、不満そうにして与え返してくれない！
すり寄ってゆずってあげたのに、不満そうにしてゆずり返してくれない！

たとえるなら、酒の席で気を利かせてお酒をついだのに、相手はただ黙って飲むようなものですね。この負のスパイラルを断ち切る方法は、シンプルです。

だったら、ゆずらなくていい。
だったら、格好つけないでいい。

鶏が先か卵が先かみたいな、どちらが先かわからない話ですが、自分が格好つけなくなると、相手もゆずらなくなります。自分がゆずらなくなると、相手も格好つけなくなります。お互い自立した、いい関係が築けます。

「憑かれない・呪わない人間関係」の完成です。

◉自立した人が、ただ一緒にいるだけで起こる「すごい効果」

このようなお互い自立した関係は「相乗効果（シナジー）」が生まれます。お互いエネルギーを全く漏らさずに交流すると、二人の間で氣エネルギーが循環して、図のようなスパイラルアップ状態になり、**お互い高め合う関係**になるわけですね。「1＋1＝2」ではなく、**「1＋1＝2プラスα」**になるとご理解ください。

呪いの関係は、他人から奪い奪われる関係です（本書もそんな話ばかり書いてきたので、いい加減、気が滅入《めい》っています）。

「奪う関係」の反対は「与え合う関係」と思うかもしれませんが、自立した人同士の関係は「与え合う関係」ではありません。**ただ、お互い自立して、自分のエネルギーを漏らさず、近くにいさえすればいいのです。**

【自立したいい関係は、エネルギーを高め合う関係】

憑かれず幸せなとき、「カラダ」では何が起こっている？

相乗効果、シナジー、2プラスα、聞こえはいいですが、二人の関係において、一体どういうカラクリで「1＋1＝2を超える何か」が生まれるのでしょうか？

そのための方法は、すでに先ほど申し上げています。

「お互い自立して、エネルギーを漏らさず（本心をごまかさず）近くにいればいい」。

こう書くと「一体どういうこと!?」「近くにいるだけで何が変わるの？」と思われる方もおられるでしょうが、本当に難しくありません。本当に「ただ近くにいるだけ」でいい。このメカニズム、実はものすごくシンプルで簡単です。

◉人間が発する電磁波からわかること

シンプルで簡単なことを示すために、人間関係の科学実験をご紹介しましょう。

精神生理学者でフロリダ・アトランティック大学教授のRollin McCraty博士によると、人からは電磁波が出ていて、本人だけでなく他人にも影響を与えます。

その影響とは、

「心電図が安定している人の電磁波は、周辺の人の脳波を安定させる」
「心電図が不安定な人の電磁波は、周辺の人の脳波に影響を与えない」

不満を感じているとき、人の心臓のリズム（心拍）は乱れているのですが、感謝の気持ちに転じた途端、心臓は規則正しいリズムで動き出します。

心臓の電磁波の強さを計測すると、感謝の気持ちのときには心電図の波の振れ幅が大きく、怒りの感情のときは振れ幅が小さい。

つまり、感謝しているときに心臓は強い電磁波を発し、怒っているときに発する心臓の電磁波は弱いということです。

感謝などポジティブな感情でいる

心臓のリズム（心拍）が規則正しくなる

↓

脳のアルファ波のリズムも心拍にシンクロして規則正しいものになる（加えて、近くにいる人の脳波もシンクロして安定する！）

↓

呼吸のリズム、血圧、皮膚の電気信号のリズムなども、心拍と脳のアルファ波にシンクロする。つまり、体全体の細胞がシンクロしていく

↓

身体が効率よく働き、免疫力の向上、認識力の向上、思考がクリアになる、感情が安定する……など様々な恩恵を受ける

↓

幸福度が向上する

身体全体の細胞がシンクロする状態は、睡眠中や深いリラクゼーションの中で達

成されることが多く、通常の目が覚めた状態でこうなることはまれです。

睡眠、すごいですね！　この指摘を人間関係に当てはめると、近くで一緒に寝ているときこそ、人間関係における相乗効果（シナジー）が最も出るということが言えます。「お互い自立して、エネルギーを漏らさず（本心をごまかさず）近くにいればいい」と申し上げましたが、**その一番効果的なやり方は「近くで寝ること」なのです。**

リュウ博士が提案する、あなたの呪いを解く「これが最終結論！」

ある夫婦の寝ている間の心拍数の推移を比較すると、寝ている間は身体全体の細胞がシンクロした状態になり、二人の心臓のリズム（心拍）もシンクロしました。

一方で、目が覚めているときに二人の心拍がシンクロするのは非常にまれです。

ただ、**ポジティブな感情をお互いに持てば、二人の心拍がシンクロします。**また心臓から出る電磁波だけでも他人とのシンクロは起こりますが、手をつなぐと心拍と脳波のシンクロはより明確になります。

また、心臓のリズムがシンクロするのは人間同士だけではありません。ペットと飼い主の心臓のリズムも、そうなることがわかっています。特に、同じ部屋にいるときなど、近くにいると、よりいっそう強くシンクロします。

あなたの憑かれを取り、呪いを解くその最終結論は？

あなたの好きな人が、あなたのことを好きであること。好き合っている者同士でそばにいて一緒に眠っていれば、憑かれないし、呪いは防げます。その相手は必ずしも人間でなくてもよく、ペットなど動物が相手でも、お互い好き合っていれば大丈夫です。

呪いも呪われもせずお互い高め合える関係は、一緒に寝ているときや、日当たりのよい縁側でお茶をすするときのような、穏やかに満ち足りているときに生じるのです。

4章
日本古来の「いい呪い」にかかろう

よい呪いは、3つの「い」の呪い

「呪いを解く最終結論」が出たのに、まだ何を書くのかと思われそうですが、ここからは呪いの「いいこと」を書きます。

良いこと・善いこと・好いこと。全部「いいこと」です。

今まで呪いの「負の側面」ばかりお伝えしてきましたが、この章では呪いの「正の側面」や「ニュートラルな意味」もお伝えしたいのです。

「呪う」の定義はこうでした。

「呪《のろ》う：1 恨みや憎しみを抱いている人に災いが起こるように神仏に祈る。また、災難がふりかかったり、失敗したりするように願う。2 強く恨む」（goo辞書より）

しかし、もし神仏に祈るならば、

「感謝や愛情を抱いている人に良きことが起こるように神仏に祈る。また、幸運がふりかかったり、成功したりするように願う。強く感謝する」の方が合っていますよね。もちろん、こちらの祈りもあるというか、主流です。

「祈り」は幸福や無事、成功を祈るもので、大きく3種類あります。

■3種類の祈《いの》り

(1)祝《いわ》う
(2)忌《い》む
(3)斎《い》む

やたら「い」を強調しましたが、この3種類＋1の「い」のつく言葉は、すべて同じ語源です。古くより神聖なもの・大切なものに付けられ、不吉なものを避けて、吉事を招くことをあらわします。

日本では古来より、良きことが起こるように祈ってきました。その祈りの伝統が「祝う」「忌む」「斎む」の3つなのです。

以降、それぞれの活用法を解説します。

「呪い」と「祝い」、何が同じで何が違うのか？

「祝い」と「呪い」、字が似ています。意味は真逆ですが、何か共通点もあるのでしょうか。

「祝う」の意味

・めでたい物事を喜ぶ
・寿《ことほ》ぐ（喜びや祝いの言葉を言う）
・将来の幸運や幸福を祈る。祝福する
・身を慎み、穢れを避けて神を祭る
・神の力を借りて守る
・大切にする。かしずく

このように祈る・祭る・崇めるの意味で古くから用いられたのが「祝い」です。

「祝い」と「呪い」、共通点は「兄」です。

「兄」の字は元々「神様に祈る人」をあらわします。

兄は口《こう》と人《じん》（儿）の組み合わせです。

「口」は甲骨文字や金文では人の口の形としては、ほとんど使われておらず、神への祈りの言葉「祝詞《のりと》」を入れる神具「さい」の形でした（白川静『常用字解』より）。

「儿」は人であり、ひざまずく人です。

「口＋儿」＝「兄」は「神に祈る祝詞を入れる箱を」「頭の上にのせて膝をつく人」となりますから、「兄＝神に祈る人、神を祭る人」です。古代は、兄弟の中で長兄が「家の神様」を祭る仕事を担当していました。

「祝」は「兄＋示」です。
「示」は神様を祭るときに使う祭卓（お供え物を置く高い台）・祭壇です。
「兄＋示」＝「祝」は「祭壇で神様に祈る人」です。

一方、「呪」は「兄＋口」です。
偏（へん）の口は、人の口のようですが、だとしたら、
「兄＋口」＝「呪」は「口に出して神様に祈る人」です。

「祝い」も「呪い」も、神様に祈ることは共通です。
「呪い」に悪い意味は、漢字の由来から見ると特にありません。もともと呪術に悪い意味はなかったけれど、悪用が特に目立ってしまって、いつの間にかイメージが変わったようです。

ですから「祝い」と「呪い」の違いは、人々のイメージから探る方が理解できそうです。人気占い師のしいたけ．さんが、ブログ記事「祝いの言葉と呪いの言葉の

違い」に書いていらしたので、参考にしてみましょう。

呪いは「縛り」、祝いは「ほぐし」。その意味とは

「祝いの言葉」のイメージ

・みんなと共に喜ぶ儀式
・その人のためになる
・立ち去る準備がある言葉
・ちゃんと独り立ちしていきなよと応援
・風通しの良さがある

「呪いの言葉」のイメージ

・みんなの輪の外の居住者から寄せられる

・その人を傷つけ支配する
・そこに残るための言葉
・立ち去らずに、そのまま影響力を残したい
・言われたことがずっと残って気持ち悪さを感じる
・ジメッとしたカビ臭さがある
・重さがある

以上、しいたけ．さんのブログ記事をまとめたものです。

しいたけ．さん曰く、呪いがあんまりない人の口グセは、

「あれ、私そんなこと言ったっけ？」

大体、自分で喋《しゃべ》ったことを忘れているようで、それは本人が他人への影響力をそこまで重視していないからだと分析されています。**「自分は自分でやることがある人は、そこまで他人への影響力を気にしない」**のだと。

この分析は、本書ですでにお伝えした「呪いから解放される根本は、精神的に自立すること」と重なります。

◉呪いと祝いの「裏表の関係」

また祝いと呪い、2つの言葉のイメージを比較すると、裏表のような関係だとわかります。

「祝いの言葉」は、みんなの輪の中にいて、影響力を残さず立ち去る。
「呪いの言葉」は、みんなの輪の外にいて、影響力を重く残し続ける。

「呪いは縛ること」だとお伝えしてきました。
となると、祝いはその逆ですから「ほぐすこと」です。
祝いには「寿《ことほ》ぐ」という意味があります。「言祝《ことほ》ぐ」とも書きますから、「言葉でほぐす」のが祝いの言葉になります。

正座して苦しそうな人に「足を崩してくださっていいですよ」とお声がけするような、そんな言葉こそ「祝いの言葉」なのでしょう。卒業する人が、この場所から心残さず立ち去れるように。入学する人が、心置きなく前に進めるように。

祝いとは、人をほぐして強化する「解放の儀式」

人はなぜ節目で「お祝い」をするのでしょうか？

結論から言えば、

・今ある呪いを解くためであり、
・新たな呪いにかかるためであり、
・内輪と外との境界線を確認し引き直すため……です。

節目のときは、人間関係が大きく変化します。入学、卒業、入社、定年退職、出世、転勤、転職、独立、結婚、出産など。いずれもお祝いの儀式を行います。

祝いの「ほぐし」は、結ばれたり縫《ぬ》われたりもつれたりしたものを、解いて別々にします。ほどくわけですね。あるいは、こり固まったものを柔らかくする。

お祝いをするときには、人間関係の何かが解かれて別々になります。


例えば学校を卒業する人は、今いる学校から解かれて別々になります。

例えば結婚をする二人は、今いる親の戸籍から解かれて別々になります。

今いる場所でかかっていた呪いの「縛り」は、これにて解除です。


必要なときに「呪い」で縛り、不必要になったら「祝い」で縛りを解除するなら、呪いも良い働きをします。

◉「送り出す祝い」と「迎え入れる祝い」

「あれ、祝うって立ち去ることだけじゃないよね？」

その通りです。これから新しい場所に入るときのお祝いは、「送り出すお祝い」だけでなく、当然ながら「迎え入れるお祝い」もあります。

入学・入社する人は、新しい身分証がつくられます。

結婚をする二人は、新しい夫婦の戸籍がつくられます。

呪いの「縛り」を、新たな人や組織と締結します。
祝いの機能には「過去の縛りをほぐす」だけでなく「新たな縛り」もあります。
「縛りは契約締結」「ほぐしは契約完了」ですね。

なんだ、祝いの中に呪いも含まれているじゃないか！
道理で「祝い」と「呪い」、字も似るわけです。

もし「その縛り」が、新たな能力を授ける「契約」ならば、それは呪いではなく、「祝福」と言えます。

◉「祝い」はあなたを解放する

縛りが「封印」として働くなら、弱体化を招きます。これは悪い意味での呪いです。今ある能力（の一部）を封じるのですから。

しかし縛りが「契約」として働くなら、能力などの強化を招きます。何せ、新たなリソース（利用できる資源）ができるのですから。

できることが増えるわけですから、縛りというより、新たな「能力解放」です。

能力解放でわかりやすいのは、出世や褒美を取らせる「祝い」でしょう。大きな手柄を立てた人への「祝い」は、より大きな権限や高い地位、金銭、名誉などを与えて、その人を「強化」します。

「縛り」と「弱体化」であなたの封印につながる儀式が「呪い」だとするならば、「ほぐし」と「強化」であなたの解放につながる儀式が「祝い」です。

他人を祝える人になりたい。だけどモヤモヤする人のために

祝いがこんなに「いいもの」なら、祝われたくなりましたよね？ また他人のお祝いの場が、大事なものであることもご理解いただけたと思います。

自分も祝われたいし、他人も祝ってあげたい。でも、友人や同僚の幸せを素直に

喜べない。何だかモヤモヤする！　そんな自分がイヤな人間みたいで、さらにイヤになる……。特に結婚式で、そんなネガティブな気持ちになるケースが多いようです。

これは、ごく自然な反応かと思います。なぜかというと、**結婚式は「視覚的な刺激」が多いから**です。視覚的な刺激は興奮を起こしやすく、扁桃体の過剰反応をおさえるのには逆効果です。

3章の復習をしますと、扁桃体は脳の器官で主にネガティブな感情をコントロールします。扁桃体のコントロールが利かないと、不安や混乱、恐怖、怒りなどが出やすく、気分も落ち込みやすくなります。

結婚式のような視覚的な刺激の多い場に出たら、扁桃体が興奮してしまいますから、後々ネガティブな感情があふれてしまうのは、ごく当たり前のこと。何の不思議もないのです。

友人の結婚式に出席するとモヤモヤする、という方も、おそらく視覚的刺激の少ない結婚式であれば、特にネガティブな気持ちは湧かないだろうと推測します。例えば、少人数のゲストだけを集めて、神社や教会などで、静かにおごそかに式を挙げることがありますね。私もそうした式に出席したことはありますが、派手な演出の式に比べると、感動こそすれ、心がザワつくことはなかったと記憶しています。

視覚的刺激の強い場に出ると、元々感じていたストレスが表面化しやすくなります。それは「憑かれ」ですので、解消する気があるなら解消しましょう。すでに方法は申し上げました。

こうした理屈から、モヤモヤやザワつきが出るのは肉体的によくあることです。そんなときは、自分の中に「憑かれ」があることに気づけてよかったと、ポジティブにとらえてみてはいかがでしょうか。

◉いいオーラを浴びよう
――「感謝の気持ち」も人から人へ伝染する

その上で申し上げると、**祝いの場にはなるべく出た方がいい**です。

心電図と脳波の話を、思い出してください。

・心電図が安定している人の電磁波は、周辺の人の脳波を安定させる
・不満を感じているときに心臓のリズムは乱れ、感謝の気持ちでいると規則正しいリズムになる
・感謝しているときに心臓は強い電磁波を発する。怒っているときの電磁派は弱い

感謝している人の近くにいたら、自分の心身も安定し、調和が取れます。

呪いがウイルスのように人知れず感染するように、感謝もまた、心臓の電磁波を通じて感染します。祝いの場が元々の意味通り「祈りの場」ならば、祝われる人の呪いを解くだけでなく、参加者の呪いもきっと解くことでしょう。

日本で「呪われない」ための祝い方

一つ「取扱注意」ともいえる微妙な話がまだです。

人はなぜ節目で「お祝い」をするのか？

3つ目は、

「内輪と外との境界線を確認し引き直すため」でした。

ちょっと抽象的ですよね。

節目をむかえると「内輪のメンバー」が変化します。学校に入学したら卒業するまで、学校にとって学生は「身内」です。学校は、学生を預かる「責任」があります。

しかし当然ですが、卒業した後は、学校の身内から外れます。赤の他人よりは近い距離感ですが、もはや何の責任も学校はありません。内輪から外れた人は、お祝いに呼ばれる機会もほぼなくなります。

「祝いの儀式」は、招待客を決めます。この招待客の選定は、内輪と外との境界線を引くこととイコールです。

これは、本書のテーマ「呪い」とも大いに関係します。

◉結婚式の招待を断ってはいけない「本当の理由」

「呪い」は、みんなの輪の外の居住者から寄せられます。

だから、「この人には呪われたくない」と思う人がいたら、祝いの場に招待すればいいし、裏を返せば「この人には呪われたくない」と思う人がいたら、その人の祝いの場に出席すればいいのです。

「あれ、招待されたら、うっかり断れないってこと？」

そうです。よほどの事情がなければ「祝いの場に出ない」ということは、イコール（＝）「あなたの内輪ではない」と表明することです。断った相手から、「恨まれ」＝「呪われ」かねません。

日本人は内輪をひいきする代わりに、外には冷たい国民性なのだそうです。「この1カ月の間に、見知らぬ人、あるいは、助けを必要としている見知らぬ人を助けたか」などの調査があり、国際比較で、114カ国中、総合順位114位（2020年）。恥ずかしいことに、世界最下位です。

元データは、イギリスのチャリティー機関「チャリティーズ・エイド・ファンデーション（CAF）」が2009年から行っている、100カ国以上の国々で累計百数十万人の人々への調査結果です。

日本人は、内輪の結束や助け合いでなら、世界一レベルで優れています。同時に、内輪の境界線の外側にいると判断した相手に発揮される冷酷さも、世界一レベルです。**その国民性を、みんな何となく自覚しているからこそ、日本人は内輪で嫌われることや、内輪から外に出ることを極端に恐れるのではないでしょうか。**

祝いの場に参加するのは、ただ純粋に祝意をあらわすだけのことではなく、出席して「悪い呪いを回避する」という、自衛の意味合いもあるのです。

例えば井川選手、大谷選手……超一流の人は、なぜ慎み深いのか？

人間関係が変わる節目のときだったとしても、祝いの儀式を行えない場合があります。例えば、離婚、何らかの不祥事による辞職、そしてお葬式です。

ある人の死後に、その親族が喪に服す期間を、喪中や忌中《きちゅう》といいます。喪中は故人が亡くなってから1年間、忌中は故人が亡くなってから仏になるまでの49日間を指します。

この忌中は神道の考えから生まれたもので、死の穢れを他人にうつさないために外に出ず「身を慎む期間」を設けたことに由来します。

先に申し上げた3種類の祈りの一つ「忌《い》む」です。

「忌む」は禍（まが、わざわい）に近づかないこと。災難や不幸の原因を避けることです。古代朝廷でご神事を担った忌部《いんべ》氏は、穢れを忌む集団として活躍。国家の一部門になるほど「忌む」ことは重要でした。

「祝う」は、縛りをほぐし、能力などを強化する儀式でした。

「忌む」は、身を慎んで不吉なものを避ける行為です。

◉正しく「忌む」ことで自衛する

正しく「忌む」が働くなら、あなたのよい状態を保つ強力なツールです。

例えば元阪神タイガースやニューヨーク・ヤンキースの野球選手で、２００３年に投手３冠を達成して最優秀選手（ＭＶＰ）に輝いた井川慶さんは、ＹｏｕＴｕｂｅのデーブ大久保チャンネルで「お酒を飲まない」話題について、こんなことを語っています。

「後はやっぱり先輩方を見ていて、阪神のときに、みんなお酒すごく飲まれていて、30を超えると球速がガクンと落ちる方がいっぱいいらしたんで、これ飲むと落ちるな、無理だなと」

井川さんは先輩方を観察して、お酒を忌んだわけです。お酒をよく飲んでいる人は、30歳を超えたあたりから、投げる球の速度が急激に落ちることに気づいた。だから お酒を警戒して、身を慎んだわけですね。

野球といえば、メジャーリーグで、投手と打者の二刀流で大活躍する大谷翔平さんも、お酒を飲むことはほとんどなく、外食もほとんどされないそうです。決して飲めないわけではないのですが、野球の上達を目指す上でお酒の必要性を感じないため、飲まないとのこと。お酒も外食も、自分の野球にはプラスにならないと、彼は忌んでいるわけですね。

ご本人の言葉をお借りすると「食欲はある方なんですけど、甘いものをなるべく食べないように欲と戦っています。シーズンが終わったら身体をリセットするので、今は(シーズンオフは)クリーンな食事を心がけています」。

「忌」の元々の意味は「清楚」です。飾り気がなく清らかであることですね。

大谷翔平さんも井川慶さんも、本当に「忌」のお手本となる清楚な人たちです。

◉「憑かれ」に対抗する「忌む力」

「忌む」のポイントは、自分の心身を自分で意図して「いい方向へ」操作すること。

本書において「憑かれる」は「他者から意図的に自分の心身を操作される」ことでした。つまり「憑く」＝「意図して他者の心身を操作する」ことです。

脚光を浴びた人たちには、信じられないくらい多くの「憑く人たち」が押し寄せてきます。こういう場合、積極的に「忌む」を活用しないと、一気に地位や実力が落ちます。

井川さんも大谷さんも、「忌む」ことで、身体のプラスにならない飲食だけでなく、憑く人たちも遠ざけたのが「超一流になる道」だったと言えるでしょう。

外食を控える理由の中には、本当のところ、よくない影響を与える人との関わりを避けるためもあるのでは？　誘いを断ったとき角が立たないよう、本当のことは言わないだけで……。

もちろん、ご本人たちに聞いたわけではなく、ただの想像です。

慎みなさいって？
酒でも飲まないとやってられないぜ！

「では、私は何を忌むといいでしょうか？」

「つまり、お酒を飲まない方がいいっていう話ですか？」

お酒を飲むなとは言いません。

忌むために大事なことは、まず観察です。

自分を観察する
←
自分に必要なことは何か？
←
自分の必要を満たすために何を避けるのか？

先程の例とは反対に、お酒を飲んでかえって成功した野球の投手だっているのです。

◉"お酒の力"で成功した選手の話からわかること

元阪急ブレーブス投手の今井雄太郎さんは、試合前にビールを飲むようになってから、才能が開花しました。新潟出身でお酒が好きだった今井さん。キャンプ中には酔っ払って門限を破った上に、監督の部屋に間違って入った失敗もあります。そんな今井選手は、プロ7年で6勝しか挙げられず、クビ寸前だった8年目に、ある転機を迎えました。

先発登板の日に、「どうせこれが最後（の先発のチャンス）やから飲め」とコーチから紙コップ入りのビールをすすめられたのです。

今井さんはノミの心臓と呼ばれるほど気が弱く、極度のあがり症でした。そのあがり対策として、できることはないだろうか――。今井さんが無類の酒好きなことに目をつけた監督が、コーチ会議で「今井は酒を飲むと陽気になってノビノビしている。**思い切って、試合前に一杯飲ませてみたらどうや**」と提案したのだとか。

果たして、結果は大成功。お酒を飲んだことで、元々の力を発揮できるようになった今井さんは、最多勝のタイトルを2回獲得するなど、一流の投手になりました。

実は今井さんいわく、飲酒した状態でプレーするのは「本当は苦しくて仕方なかった」とのこと。ただ、飲んで試合したところ、「苦しさ」が先に立ち、それ以外の不安を考えられなくなったのだとか。

その結果、彼が悩まされていたあがり症が解消され、不安がなくなったことで、本来の実力を発揮できるようになったそうです。お酒を飲んでネガティブな思考を減らし、強制的にストレス解消したわけですね。

ちなみに私の先輩で、大量に論文を書く研究者がいます。彼も「若い頃は酔っ払わないと論文を書けなかった」と言っていました。酔うと誤字だらけになるけど、細かいことを気にせず、どんどん書き進められるのだそうです。

これは、研究職以外の方にも、参考になりそうな話だと思います。

◉お酒はよいか悪いか——結論は「人による」

つまり「酒を飲まない方がいいか、飲む方がいいか」は、人や状況によるわけですね。

もちろん今井さんの「酒を飲んで投げる」は、一般論からすれば、明らかに間違いです。しかし今井さんを観察した結果、飲酒で必要が満たせるかもしれないと試して成功した特殊ケースです。

今井さんが忌んだのは「自分の弱気」。弱気を忌むのに、今井さんの場合は好きな酒が利いたわけです。

あなたは、あなたの何を忌みますか？
それを忌むために、何が活かせますか？

あなたもぜひ、試しに考えてみてください。そしてそれを実行に移してみましょう！

自信がなくても大丈夫
——人から評価されるときのポイント

もしあなたの年齢が10代や20代前半なら「忌む」なんて考えず、どんどん出ること、行動することに意識を合わせるといいでしょう。「何を控えよう？」「何を慎もう？」など考えるよりも、自信を持って自分を主張してください。その方が人生うまくいきます。

というのも、こんなデータを知っているからです。

大学生10万人の調査報告によると、大学生の就職活動がうまくいく決定要因は「自信創出力」だそうです（『ＰＲＯＧ白書２０１５』〈学校法人河合塾・株式会社リアセック監修、ＰＲＯＧ白書プロジェクト編著、学事出版、２０１４年〉より）。夢を語れる構想力もポイントが高いです。

私自身が１３００人に調査したデータでは、若い世代ほど、自己主張を控える傾向がありました。つまり自信のない人、自信がなさそうに見える人の方が、多数派なのです。

実は、就職試験の面接などで高く評価される学生さんを観察すると、発言の内容は普通です。誰でも思いつくような平凡なことを言っています。

ただ、その平凡な発言を、恥ずかしがらずに堂々と明確に発しているのです。その姿勢が評価されているというわけですね。

だから、私たちも「普通だから」とか、「特別なことをしていないから」といって恥ずかしがる必要は全くありません。

普通でいいのです。面接官だってみんな普通の人たちですから、自分を過剰に卑下することなく、振る舞えばいいわけですね。

もちろん、就職活動であるからには、夢を語れた方がよりいいので、正直にありのままを話すよりも、ポジティブに未来を語れるといいでしょう。

◉就職試験で評価される人、実際の職場で評価される人

ただ、実際に職場で働き出すようになると、高く評価される人のポイントは変わ

ります。

この年代で高く評価される人は、総じてコツコツ真面目に取り組む勤勉な人です。集中力が高く責任感が強くて、粘り強く長期的に取り組める人です（参考データ『主要5因子性格検査ハンドブック』〈村上宣寛／村上千恵子、筑摩書房、2017年、三訂版〉）。

いざ働き出して、人からお金をもらう側になると、自信の重要性は落ちていきます。それよりも、自信が足りないために、余計に努力する人の方が、大きな結果を出せるので、人から評価されるわけですね。

ボクシングのバンタム級でアジア人初の4団体統一王者になった井上尚弥選手は、今でも自信が持てないそうです。「スーパーバンタムで4団体統一できれば自信持てると思うんだよね」と、同じボクサーの2階級で世界王者になった京口紘人選手に話して、京口選手は「目が点になった」と語っています。

祝われるほどに人は「ほぐし」と「強化」で、権利や権限が増え、人生や行動の選択肢が増えます。そうすると「何を控えるか」「何をやらないのか」の重要性が

増します。つまり「忌む」ことが大事になる。

「祝い」を経験して解放されるほど、たくさんのリソース「人・もの・金・情報」につながります。そのリソースの中から、自身にマイナスをもたらすものを見分けて遠ざけるのです。

「ほぐし」と「強化」であなたの解放につながる祈りが「祝い」だとしたら、「身を慎む」ことで憑かれやよくないものを避けて、解放レベルを維持強化する祈りが「忌む」だといえるでしょう。

「忌む力」とは、いいものを選んで捧げる力

いいものを目利きして選び、いいものをつくり、いいものを神様や誰かに捧げる。身を慎むだけじゃない、忌む力のもう一つの重要な機能です。

「忌み」のプロフェッショナルといえば、古代に活躍した忌部《いんべ》氏です。前述した通

り、朝廷において祭祀を担った氏族とされています。

忌部氏は権力闘争に敗れたのか、平安時代初期以降、中央政府でその姿を見ることがなくなります。しかし、阿波国《あわのくに》（徳島県）や紀伊国《きいのくに》（和歌山県）、讃岐国《さぬきのくに》（香川県）など、地方では「技術者集団」として活躍します。

最近でいえば、令和元年11月、新たな天皇陛下が皇位継承の際に行う「大嘗祭《だいじょうさい》」において、その中心的儀式で供えられる麻の織物「麁服《あらたえ》」を、阿波忌部氏直系の三木信夫さんが納められました。

阿波忌部氏は、古代より大嘗祭にて、阿波国でつくられた麻の麁服を調進《ちょうしん》（注文の品をつくって目上の人に納めること）してきたと記録されています。その伝統が、大正天皇の大嘗祭と、今上天皇の大嘗祭で復活しました。

忌みのプロである忌部氏は「いいものをたくさんつくってきた」のです。

◉「穢れを忌む」の本来の意味

これは私個人の意見ですが、神道における「穢れを忌む」は、ただ嫌って避けることではないと考えます。穢れから不浄な要素を取り除いて、素晴らしいものを生み出すことが本質ではないでしょうか。

実際、神道の最高神とされる天照大神《あまてらすおおみかみ》、共に生まれた月読命《つきよみのみこと》、須佐之男命《すさのおのみこと》の三姉弟「総称：三貴子」や、大阪市の住吉大社に祀られる住吉大神などは、死者の国で付いた穢れを水で洗うことで生み出されます。

ただ残念なことに、今では「忌む」は、「忌み嫌う」というように、不吉なことを嫌って避ける意味が強調されるようになりました。

前述したように、本来なら「忌む」には「清楚」の意味もあるのですが、平安時代以降、否定的な意味で使用されることが大半です。

そんな否定的な意味だけの「忌む」は、モラル（道徳）の観点から見ると、深刻な差別など、間違った方向に暴走しがちです。中世ヨーロッパの魔女狩り裁判のようなもので、「不吉な・呪われた人物」と認定された人たちは迫害されます。

否定的な意味合いだけの「忌む」は、「悪い呪い」そのものでしょう。

正しく「忌む」を働かせて、いいものを選び、生み出し、提供する。
そんな、良・善・好い「い」の呪いを、私たちは選びたいものです。

禁忌《タブー》をおかしてしまったときにできること

※禁忌《タブー》：忌み嫌う物事への接近・接触を禁ずること。

「不祥事による辞職」など、有名人がスキャンダルやトラブルで、業界から追放されたり、謹慎処分になったりすることがあります。「あの人は禁忌をおかした」「不吉なことが起こった」、あるいは誤解などで、そのように周りが勝手に思い込むと、周りから忌まれてしまいます。周りから遠ざけられて「みんなの輪の外の居住者」になってしまったら、選択肢は二つしかありません。すなわち、

輪の外から呪って、影響力を残そうとするか、
未練がましいことをせず立ち去るか。

「呪うか立ち去るか」ならば、「恨む動機も感情もないならば、立ち去れば問題なし」とは限りません。むしろ「恨む動機も感情もないからこそ立ち去りたくないし、誤解があるなら解きたいし、立ち去る必要があるとは思えない」ことが多いでしょう。

実際、内輪といっても、複数の「みんなの輪」がありますから、全部立ち去るのも極端な対応です。輪の外にだって人はいるし、社会があります。**捨てる神あれば拾う神あり。**捨てる神たちの輪から離れて、拾ってくれた神たちの輪の中で共に生きることを選ぶのです。

また、ほとぼりが冷めるまで「輪の外でとどまる」の選択も現実的です。たとえるなら、家を追い出された人が、玄関の近くで正座し続けるようなものです。また再び、輪の中に入れる許可が得られるまで待ちます。

リアルな大人の社会では、自宅の中に居続ける「謹慎」になることも多いでしょう。謹慎して、今までいた輪の中の人たちを消極的に恨み続けるのです。忘れられないように、たまに連絡もしてみたりして。

恨み続けていたらストレスで心身に悪影響が出ますから、謹慎中は、よく寝て、美味しいものを食べて、適度に運動して、好きな人と寝ましょう。人生、呪うしかないときだってあるのです。

憑く人から離れたい方に贈る忌み言葉「知らんがな」

「知らんけど」

2022年の新語・流行語大賞にノミネートされた、関西弁というか大阪弁です。

「大谷翔平、すごいなあ。二刀流かっこいいで！　やっぱり彼女おるんやろな」

「そらおるやろ。当たり前やがな。知らんけど」

「アルコール消毒ゆうくらいやから、酒飲んだら胃も消毒できるやろか」

「んなわけあるかい！　それは別もんやろ。知らんけど」


このテキトーな感じが、今の時代にマッチしたのでしょうか。

私は関西の中でも京都人なので、「知らんけど」ではなく、「さあ、どうやろか？」です。意味は同じなのに印象が変わりますね。何か嫌味になるというか。京都のノリだとテキトー回答もできなくなるし、大阪の明るさが、より求められているのかもしれません。


この知らんパワーを使った「忌む用」の言葉が「知らんがな」です。

関西弁の「知らんがな」は、呪いの言葉に対抗しうるパワーワードです。

『呪いの言葉の解きかた』（上西充子、晶文社、２０１９）という本に、働く現場やジェンダーをめぐる呪いの言葉がいろいろ紹介されていたのですが、「知らんがな」でかなり対抗できます。

◉あらゆる場面で「知らんがな」、使えます！

例えば、「答えのない問い」への返しです。

答えのない問いとは、

「どうして負けたんだ！」

「なんで覚えられないんだ？」

「なぜウソをついた！」

「イヤなら辞めれば？」

「お前はどうしてできないんだ？」

だいたい「なぜ？」を問う質問ですが、よく見てみると、そもそも答えを期待されていなかったり、聞かなくともわかることであったり。

なぜかというと、**そもそもこうした質問の目的は、相手を追い詰めることだからです。**自分に縛り付けて支配することが目的です。

真剣に何かを議論するつもりが相手にないのですから、マトモに答えてあげる必要はありません。**「知らんがな」で十分。**


「どうして負けたんだ!」→「知らんがな」

「なんで覚えられないんだ?」→「知らんがな」

「なぜウソをついた!」→「知らんがな」

「イヤなら辞めれば?」→「知らんがな」

「お前はどうしてできないんだ?」→「知らんがな」

「知らんがな知らんがなって、ふざけているのか!」→「知らんがな」


「知らんがな」の意味は、「私は興味ありません」「私は関係ありません」です。答えのない問いをする人は、相手を自分の土俵に乗せて操作したいだけなので、「乗らない」と決めることが肝心。さすがに「知らんがな」と声に出す必要はないと思いますが、「知らんがな」と思うことだけでも、相手を心理的に遠ざけることができます。

つまり相手を「忌む」ことができる。追い詰めてくる憑き人の「内輪」に入るのは、危険であり損であり不自由であり、つまり不幸なことかと思います。

「知らんがな」、実に忌み言葉にピッタリですね。

そういえば、自分を責めて、延々「答えのない問い」を続けている人っていますよね。相手をするのに疲れちゃったりして。そんなときは、

「なんで私ってこんなにダメなんだろう……」

← **(せーの)**

「知らんがな」

ちょっときつい言い方でしょうか。相手の方を追い詰めてしまうかも。

この場面は京都風に「さあ、どうやろか？」が柔らかくていいかもしれません。

呪いを強制的に解除する忌み言葉「呪いあれ」

先にお断りしておきますと、これからご紹介するのは、ちょっと過激な方法です。有名な**「シェイクスピアの呪い」**をご存知でしょうか。

シェイクスピアといえば『ロミオとジュリエット』『ヴェニスの商人』『ハムレット』など多くの傑作をつくった世界一有名な劇作家です。

そのシェイクスピアのお墓が、故郷であるイギリス南部のストラトフォード・アポン・エイボンのホーリー・トリニティ教会にあるのですが、お墓にこんな文字が記されています。

> Good friend for Jesus sake forbeare, to digg the dust enclosed heare. Blese be the man that spares these stones, and curst be he that moves my bones.

「よき友よ、ここに葬られし亡骸を掘ることとイエスのためにお控えくだされ。この墓石守るものに祝福あれ、わが骨動かすものに呪いあれ」です。

これは「私の骨を動かしたら呪うよ」のメッセージであり、「私の墓を守ってくれる人は祝福するよ」のメッセージでもあります。

この文字があるため、現代の人たちも気をつけています。お墓ができて400年以上が経つため、老朽化に対応する改修工事が必要なのですが、シェイクスピアの遺体を移動しないように、配慮しながら進めているようです。

こうして気をつけているので工事関係者が呪われることはないだろう、とのことですが、実際、これは呪いなのでしょうか？

本書の立場から申し上げると、これは「呪いではない」と判断します。

呪いの場合、どうやってもダメという「詰み」の状態に追い込みます。つまり、骨を動かしたら呪うけど、動かさなくても呪うような「二重拘束」です。この場合は、シェイクスピアの明確な指示があるので、呪いではないと考えられます。

◉「呪いの定番」といえばピラミッド

お墓の呪いといえば、エジプトのピラミッドも有名ですね。

あるお墓では、古代エジプトのヒエログリフ（神聖文字）が彫られていて、「この墓に入るすべての男と女は、ワニ、ヘビ、カバ、サソリに殺されるだろう」と記されていたそうです。これは「墓泥棒」への警告ですね。

古代エジプトでは王族の墓の盗掘が絶えなかったようで、数多くの王墓で略奪が行われました。いくら警告しても、やはり呪いを信じない人たちは多かったようです。

ちなみに、エジプトのお墓にはマナーを説くような忠告が彫られているケースもあります。例えば、「この墓に入る者は、不潔であってはならない」などです。「清潔でいろ」と要請しているわけですね。

これは３つ目のよい「い」の呪い【斎《い》む】に通じます。

「掃除」は、チリと埃と汚れと、そして呪いを祓う

掃除がなされていて清潔な空間であれば、呪いも祓われるでしょうか？

結論をいえば、きっと祓われるでしょう。知らんけど！

怒られないよう真面目に説明しますと、理屈においても個人的な感覚においても、憑かれを祓うようです。

【「掃除」が扁桃体の過剰反応をおさめる理屈】
・視覚以外の四感に刺激が加わる
・運動になる
・目的を持って手を動かすことで、前頭前野が活性化する
・だんだん集中して考えなくなる

このように、理屈でも掃除の効き目は推測できますし、また自分の感覚でも、掃除をすると、憑き物が離れたようなスッキリ感を得られることが経験上、わかっています。

◉掃除は「祈り」――リュウ博士の祈り論

掃除は「斎む」祈りだと私はとらえています。

「斎む」は「忌む」と元々同じ意味。

ところが「忌」の「不吉」が強調され、「忌＝不吉な、呪われた」のイメージになりました。そのためか803年に「忌部氏」は「斎部氏」に改名します。こうして、清浄さや神様に仕えるイメージは「斎」にのみ付くようになったのです。

ちなみに、神様を祭るために祓い清めた場所を「斎庭《ゆにわ》」と言います。

「斎む」は、この斎庭をつくる「祈り」だとイメージしてください。


余談ですが、シャープの空気清浄機プラズマクラスターを使ったら怪奇現象がおさまったと、フォロワー約100万人の有名ツイッターアカウントのしぬこさんが投稿したことがあります。

「今住んでるマンション、引っ越したばかりの時に怪奇現象が多々あってめちゃくちゃビビってたんだけど、プラズマクラスター買ったら一切なくなって、幽霊って調べたらプラズマらしいみたいな記事見つけて…空気清浄機…空気どころか除霊も

できるの凄くない…？」（2019年6月9日　午後11時08分の投稿）

この投稿にシャープの公式アカウントが反応し、こうリプライしました。

「検証していないので断言はできませんが除霊はできません。たぶん」（2019年6月10日　午後3時11分の投稿）

「除菌だけでなく除霊も!?」

「いやいや、ないでしょ……ない、よね？」

◉空気のきれいな空間は、憑かれを取る

電子工学者で慶應義塾大学准教授（現・教授）の満倉靖恵博士によると、親子20組を対象に脳波を感性アナライザで測定した実験で、プラズマクラスターで空気浄化した部屋にいると、5分後にストレスが減る、10分後も集中力が維持できる効果がありました。森林と同様にストレスが減るので、プラズマクラスターで空気を浄化すると、森林のようにリラックスできる空間になると、シャープ公式ホームページで満倉博士は語っています。

本書の言い方でいえば「本当にストレスを低減する効果があるなら、プラズマクラスターで憑かれは取れる」と考えられます。

もちろん「森林浴」もいいですよね。

呪いを解く「森の神社」11社リスト

森林浴で憑かれが取れるなら、森林豊かな神社や公園に行っても、同様に憑かれが取れると言えます。

埼玉県秩父《ちちぶ》市にある三峯《みつみね》神社宮司の中山高嶺さんの著書『三峯、いのちの聖地』（MOKU出版、2012）によると、西武秩父駅からバスで山に登り、境内《けいだい》に降りて深呼吸した時点で、ストレスの数値がグッと下がったと記されています（血圧と唾液でストレス度合いを測定）。

さらに、付近を散策したり丸太切りをしたり、温泉に浸かったり、様々な行動を行い、その前後のストレスを計測してみたところ、一番ストレス低減効果が高かったのは、なんと「丸太切り」だったそうです。うっそうとした神社の杜で、目的を持って手を使って体を動かすと、心地よい疲労感を得られそうで、確かにすっきりしてストレス解消効果があるだろうな、と思えますね。

◉リュウ博士推薦！　あなたの呪いを解く強力な神社11選

ここからは、神社研究家でもある私の本領発揮ですね。呪いを解くのにいい神社を11社ご紹介します。いずれも「豊かな森林」が特徴です。

① 上川《かみかわ》神社（北海道旭川市）
② 湯殿山《ゆどのさん》神社本宮（山形県鶴岡市）
③ 磐椅《いわはし》神社（福島県耶麻《やま》郡猪苗代《いなわしろ》町）
④ 三峯《みつみね》神社（埼玉県秩父《ちちぶ》市）
⑤ 阿佐ヶ谷《あさがや》神明宮《しんめいぐう》（東京都杉並区）
⑥ 河口浅間《かわぐちあさま》神社（山梨県南都留《みなみつる》郡富士河口湖町《ふじかわぐちこまち》）
⑦ 戸隠《とがくし》神社（長野県長野市）

⑧ 瀧原宮《たきはらのみや》（三重県度会郡《わたらいぐん》大紀町《たいきちょう》）
⑨ 皆瀬神社《かいせじんじゃ》（和歌山県田辺市《たなべし》 龍神村龍神《りゅうじんむらりゅうじん》）
⑩ 八重垣神社《やえがきじんじゃ》（島根県松江市）
⑪ 槵觸神社《くしふるじんじゃ》（宮崎県西臼杵郡《にしうすきぐん》高千穂町《たかちほちょう》）

もちろん、日本には他にも素敵な神社はたくさんありますので、あくまで一例とご理解ください。それぞれの神社については、巻末の291ページより触れさせていただきます。

◉リュウ博士直伝！　神社参拝をするときの「基本のき」

私は神社参拝が好きですが、このときの基本の態度は「好奇心を持って楽しむ」ということに尽きます。そうすると、いろんな面白い出来事に遭遇できると思います。

厳島《いつくしま》神社で有名な宮島に行くと、鹿に結構、出くわします。私が、この宮島の中央にある弥山《みせん》という山に登ったときのことです。

ある鹿に顔をじっと見られ、「ついてこいよ」と言われた気がしました。実際に鹿についていったところ、厳島神社の奥宮といわれる御山《みやま》神社にまで導かれました。ここは弥山山頂近くでは唯一の神社なのですが、ここまで人が登ってくることはほとんどありません。

しかし瀬戸内海が一望できる絶景スポットで、昭和天皇が大正15年の皇太子時代に参拝された記念の石碑が残っています。

神社参拝は、こんな予期せぬハプニングもある、実に楽しい時間・空間なのです。

ここで、ちょっとお祓いしてみませんか？

読んでいるばかりでなく、ここで一つ、皆様に憑かれを取る実習をしていただきます。よろしければ、実際にやってみてください。

すでに申し上げましたが、読み（音読）・書きは脳の前頭前野を活性化し、理性や論理的思考が鍛えられ、扁桃体の興奮が抑制されることで、憑かれも取れます。

そこで、神様に祈る言葉である祝詞《のりと》を一つご紹介したく。「龍神祝詞《りゅうじんのりと》」と言います。

滋賀県の琵琶湖に浮かぶ竹生島《ちくぶしま》、ここは女神様を祀る神社とお寺のパワースポットです。その中に「龍神様」が鎮座する「竜宮拝所」という所があって、そこに「龍神祝詞」が記されています。

「竜宮拝所」は景色のよい所で、また「かわらけ投げ」なるアクティビティが楽しめますが、「龍神祝詞」も隠れ注目ポイントです。

※かわらけ投げ……竜宮拝所から琵琶湖に突き出た所にある鳥居に向かって「かわらけ」（小さな小皿）を投げます。そのかわらけが見事、鳥居をくぐり抜けたら、龍神様が願いを叶えてくれると言われています。

「龍神祝詞」を書き写しましたので、ぜひお読みください。実際の龍神祝詞はもっと漢字がいっぱいで、読むことが難しいため、ひらがな中心に再編集しています。

【龍神祝詞《りゅうじんのりと》】

たかまがはらにましまして
天と地に　みはたらきをあらわしたまう龍王は
大宇宙根元《だいうちゅうこんげん》の　みおやのみつかいにして
一切を生み一切を育て　よろづのものをご支配あらせたまう王神《おうじん》なれば
ひふみよいむなやことの　とくさのみたからを　おのがすがたとへんじたまいて
自在自由にてんかいちかいじんかいを治めたまう
龍王神《りゅうおうじん》なるをとうとみうやまいて
まことのむね一筋にみつかえ申すことのよしをうけひきたまいて
おろかなる心の数々をいましめたまいて
一切しゅじょうの罪けがれのころもを脱ぎ去らしめたまいて
よろづのもののやまいをも　たちどころにはらいきよめたまい

よろず世界もみおやのもとにおさめせしめたまえと
こいねがいたてまつることのよしをきこしめして
むねの内に念じもおす　だいがんをじょうじゅなさしめたまえと
かしこみかしこみもおす

5章 みんなの「封印解除」につながるお話

「信じる力」の封印を解除する

最後の章では、呪いを具体的に順番に解いていきます。
まずは呪われている状態の確認からスタートしましょう！

呪われている状態の根本は人間不信です。

不信の呪いにかかると、人を客観的・物理的な条件だけで見すぎるようになります。例えば、収入のような数字であらわせるものはまさにそうです。

もちろん、それも人を見るときの一つの指標ですが、もっと単純に、「あの人が好き」とか「あの人柄は信頼できる」とか「すごい才能を感じる」といった、主観的な判断だって、当然ありますよね。

この、自分の主観を信じられなくなるのが、不信の根本です。

つまり、**不信の呪いは、他人が信じられないだけでなく、根っこは自分が信じられない状態です。**

これは苦しいです。自分も周りも誰も信じられない状態で、精神的な満足を得ることは困難でしょう。ここから、どうしたらいいでしょうか？

◉あなたの周囲にいる人からわかる、意外なこと

「不信の呪い」にかかっているときに何が厄介かというと、本人の周りに下心ある人しか残らなくなってしまうことです。

誰でも自分のことを信用してくれる人に好意を持つし、信用してくれない人は嫌いになります。したがって、人間不信な人の周りには、その人のことが嫌いだけど、何か魂胆があって関係を持ちたい人だけが残ることになります。

魂胆とは、例えば、その人間不信な人が持つ客観的・物理的に「いいもの」を手に入れたい、利用したい、などです。

私自身、自分自身にかかっている「不信の呪い」の本質に気づいたのは、40代も半ばを過ぎてから。長く独身でいると、加齢にともない周りの女性が変化します。

例えば私の場合、30代半ばになると、気がつけば周りにいる女性はシングルマ

ザーの方が大半でした。40代になると「あなたは私をブロックしているけど、あなたと私は結ばれている」とか「私はあなたのことを好きじゃないけど、でも共に生きる人を求めている。それはあなたでは？」といったような一見「謎の要求」をする女性が現れるようになりました。それも、一人や二人ではなかった（むしろ、プライベートで出会う女性の二人に一人レベルの頻度で遭遇しました）。

もちろん、そんな一方的な信頼関係は、大人同士ではあり得ません。成り立つのは、幼少期の子供と親との関係くらいでしょう。

「……幼い子供と親との関係みたいなのを求められている？」。これでピンときました。「これが、ウワサにきく愛着障害ってやつか！」と。

◉大人同士の関係で「もらうだけの愛」が成立しないわけ

人間不信なのに、無条件に誰かに信じてもらいたがる人がいます。

それは、幼少期に満たされなかった養育者からの愛情を、他の誰かから得ようとしているからです。そんな無理を通そうと、無茶な行動を取る状態を「愛着障害」といいます。

幼児が養育者に持つ愛着や信頼が、何らかの理由で形成されなかったため、大人になってからも対人関係に問題を起こすとされます。

幼少時に得られなかった愛着をどうにか形成したくて、無条件の愛や信頼を、ある人は恋人や伴侶に期待し、ある人は先生や上司に期待し、ある人は教祖やカリスマに期待し、ある人は自分の子供に期待するわけですね。

ただ、大人同士でそんな一方的な期待に応える人はまずいないので（下心や魂胆《こんたん》のある人を除く！）、いくら期待しても「不信の呪い」は解消されません。

仮にもし、誰かからの一方的な愛や信頼を求める期待に応えようとしたら、お互いストレスがたまります。そうして、お互いストレスが伝染しやすくなるだけでしょう。

女性たちから、謎の要求をされていた私は、「一方的に愛して欲しい、信じて欲しい」と期待されていたわけです。

おそらく、そんな無茶も聞いてくれそうな、やさしそうな人物だと勘違いされたのでしょう。

ストレスが伝染しない距離感で、共感せずに思いやる「距離を置いた愛着」は、むしろ得意なのですが！

愛着障害を「神社仏閣お地蔵さんへの参拝」で克服する

では、愛着障害はどうすれば克服できるのでしょうか？

その方法として、「安全基地」と呼ばれる、心理的に安心できる「人」や「場所」をつくることが推奨されています。幼少期に形成できなかった愛や信頼を、別の場所で、別の人相手に形成せよというわけですね。

ただ、くり返しますが、大人になって「私はあなたのことを信頼していないし好きでもないけど、あなたは無条件に私のことを信頼して好きでいてね」は無理です。

不信の呪いを脱した状態は「私は、あなたやあの人やあの場所に、愛や信頼があります」な状態です。誰かや何かを、能動的に愛する人ですね。

ちなみに、愛着障害を克服する方法として、「カウンセラーに相談しよう」は定番です。確かにカウンセラーはその道の専門家ですし、それでうまくいく人もきっとたくさんいます。ただ、カウンセラーの質は、ばらつきがあまりに大きすぎて、私としては安易におすすめもしにくい。よって、「いいご縁があれば、カウンセラーに相談するのもいいと思う」というのが私の意見です。

◉お金も手間もいらない、副作用もない、おすすめの方法

私がおすすめするのは、神社・お寺・お地蔵さんの参拝です。

私が愛着障害でお悩みの人に、神社・お寺・お地蔵さんの参拝をおすすめするのは、**人間に対する信頼を高める効果があるから。**

愛着障害は、幼少期に形成されるはずの人間への基本的・一般的信頼が形成されなかった状態です。だったら、他の手段で一般的信頼を形成すればいいわけです。

大阪大学の調査によると、寺社・お地蔵さんの存在は、人間に対する一般的信頼の形成に役立つとデータで示されています。

地域活性の研究をしているときに、「神社仏閣のある地域に住む人は、神社仏閣

のない地域に住む人に比べて、地域への愛着心が統計的に高い」と示した論文を読みました。

これは考えてみたら不思議な話で、地域愛着を高めるには、その地域住民の「良い人となり」を知る必要があるとされるからです。神社やお寺に参拝して、地域住民の人柄のよい部分を知るなんて、はたして可能でしょうか？　常識的には無理と考えたくなりますが、統計データは「可能だ」と示しています。

◉「与え合う」関係のつくり方

実は「愛着の形成」には、プロセスがあって、それは、「知る→愛する→貢献する→成長する」です。

誰かを知ると、その誰かに愛着を持ち、愛着を持つと、その誰かに貢献したくなり、貢献したくなると、一生懸命頑張るので実力は向上するし、いい結果も出ます。

この「誰か」は、家族や友人などの個人にも当てはまるし、地域や会社のような人間集団のこともあります。

1章でも申し上げましたが、神社仏閣・お地蔵さんは「互恵性」と呼ばれる「与え合いの人間関係」を築く効果があります。**利益を与え合い、親切や好意を与え合う関係です。**

このような互恵性の関係は、不信の呪いにかかっていては築けません。人間への一般的信頼があるからできることです。

寺社仏閣は、日本の中に、コンビニエンスストアよりたくさんあるそうです。そんな一般的信頼をはぐくんでくれる存在が、日本の中にコンビニよりもたくさんあるなんて、ありがたいなあと思う次第です。

「信じる力」を取り戻す基本は「人を知ること」

日本初の哲学者・西田幾多郎は「知は愛、愛は知」と説きました。「知ることから、愛は始まる」「よく知ることで、愛は深まる」と。

前述した愛着形成のプロセス「知る→愛する→貢献する→成長する」を踏まえると、愛着障害を克服するには**「人をよく知ること」**が基本です。

私自身、人の話にじっくり耳を傾ける「傾聴」を通して、「人への一般的信頼」を高めることができました。

実は、傾聴を実践する前の私は、「性悪説」でした。人間の本性は悪だとする考えです。みんな、建前では「善人」のように振る舞うけれど、一皮向けば本音はドロドロして醜いに違いない、と思っていたわけです。

しかし、傾聴を実践するようになり、じっくり人の話を聞いてみたところ、**多くの人は、確かにドロドロした本音を持ってはいるけれど、実はさらにその先がある**なと気づきました。

傾聴すればするほど、人は内に秘めた美しく清らかな本音を語り出すのです。こうした経験を経て、私は、人間の心理は次の「三層構造」なのだとわかりました。

【建前→ドロドロした本音→清らかな本音】

傾聴を実践することで、私は「性善説」に転向したわけです。

◉人が持つ「清らかな本音」、２つのパターン

もちろん、人間が持つドロドロした本音を否定するつもりもありません。ドロドロした本音はエゴイスティックで、不足感・欠乏感に満ちていて、怒りや悲しみ、物欲もいっぱいです。

自分を不幸にしないため、そして自分が深く関わる他者を不幸にしないためには、エゴイスティックに自分たちの利益を確保するのも大事なことです。

その上で、その人の「幸せだった記憶」を傾聴で引き出すと、清らかな本音が出てきます。

具体的にどうやって「清らかな本音」を引き出すかというと、傾聴をするとき、その人の過去のポジティブな経験を思い出してもらうよう、お願いするのです。

ドロドロした本音の奥にある「清らかな本音」は、だいたい次の2種類に分かれます。

- 大事な人のために役立ちたい、という思い
- 苦労したけど、自分がすごく成長した、という気持ち

すなわち「仲間への貢献」と「自分自身の成長」です。これは、いわゆる「自慢話」ではありません。美しく清らかな本音は、内に秘めているため、そう簡単に出てこないし、ペラペラと滑らかに話せるものでもないのです。

「あのとき、すごく頑張ったなあ」

←

「なんでそんなに頑張れたのですか？」

←

「……だってね、（相手がポツポツと語り出す。目にうっすら涙がにじむ）」

この「……だってね、（ポツポツと語り出す）」を、初対面の会社員や大学職員から聞けるようになったことは、私個人の人生にとっては衝撃的なことでした。それによって私は「性悪説」から「性善説」に転向したわけですから、文字通り、人間観・人生観が変わったのです。

◉なぜ、「人の本音を聞く」のは気が重いのか？

人の本音を聞くというと「えぇ……イヤだな、やりたくないな」と思う人もいると思います。その理由は、愚痴か自慢話しか出てこなさそうだから、ではないでしょうか。

私自身、人の本音というものは、ほとんど「強い怒りや悲しみ」だろうという決めつけ、先入観を持っていました。これらはストレスそのものですから、話し手のストレスが伝染して、「人の本音を聞くなんてキツそう……」と敬遠するのは、ごく自然な流れです。また、人の自慢話もあまり聞きたくないものです。

人の自慢話は、なぜ聞きたくないのでしょうか？

それは、私達のコンプレックスが隠れているからです。

コンプレックスとは、劣等感と優越感が複雑にからみ合った感情です。聞きたくない自慢話の正体もまた、コンプレックスが持つ強い怒りと悲しみです。怒りと悲しみが裏にある自慢だからこそ、目の前の人に怒りと悲しみを説教という形でぶつけてくるので、聞き手は不快に感じるわけです。

◉人の感情の「光が当たりにくい部分」に注目する

しかし、人間の感情は「強い怒りや悲しみ」だけではありません。喜怒哀楽というくらいですから、「強い喜びや楽しみ」もあるのです。

この「喜びや楽しみ」に焦点を当てて、じっくり傾聴することで、清らかな本音が「……だってね、(ポツポツと語り出す)」と出てくるのです。人の本音は怒りと悲しみ「だけ」ではないのですから。

ポジティブな感情に潜む、清らかな本音は、「口ベタ」です。

どういうことかというと、心の奥底にある清らかな本音が出てくるとき、人は上手に話すことができません。そういうものなのです。

心の奥にある本音なんて、誰だって普段から話し慣れているわけじゃない。だから、整理整頓してわかりやすく話してくれることはありません。

そこで、こちらが傾聴して、じっくり耳を傾ける必要があるのです。

そのように注意深く聞かないと、すぐに話は止まるし、何なら話し出す前に他の誰かが話し出したりするでしょう。

しかも、本人がいざ意を決して話し出してくれたとしても、それは一見「キレイごと」なので、口にした途端、すぐ横にいる誰かが否定したり茶々を入れたりすることも珍しくないでしょう。

そこで、ややもすると「つまり、あなたが言いたいことはこういうこと？」などと話を整理したくなりますが、そこをグッとガマンして、相手を否定せずに聞いていくことです。

すると、相手の清らかな本音を聞くことができて、こちらの人生観が変わります。

◉「喜びや楽しみ」の価値に気づく人は少ない？

私自身の傾聴してきた経験から思うのですが、案外、人の「喜びや楽しみ」って社会のタブーなのかもしれませんね。

怒りや悲しみを吐き出す場所が必要だ、と考える人はたくさんいます。人々の怒りや悲しみに価値を感じて、耳を傾けるべきだという人たちもいます。

しかし、人の喜びや楽しみを深掘りして、その奥底にある「清らかな本音」を引き出すことも必要だと主張している人って、あんまり見ません。よく考えると、アンバランスです。

おそらくこれは、前述したように「清らかな本音」が引き出されるとき、人はどうしても口下手で、たどたどしく話さざるを得ないことが理由でしょう。それだけその人の奥底にあるものを引き出すのは難しく、喜びについてじっくり耳を傾けた経験のない人は、「清らかな本音」の存在そのものを知らないのだろうという気がします。

「お前たちの本音は『怒り』と『悲しみ』だけだ」と、社会全体に呪いがかかっていそうです。

もしそうだったら、誰も信じられない「不信の呪い」も社会全体にかかっていることになるでしょう。誰も信じられないと、人はどうなるのでしょうか？

リュウ博士が、トランスジェンダーの人に聞いて驚いたこと

10年以上前のこと。今でいうトランスジェンダーの人のお話をじっくり聞く機会がありました。

詳細は省きますが、その方はなかなか周りの理解を得られず、深い孤独を体験されたそうです。その孤独を乗り越えて、パートナーもできて、今は幸せに暮らしていると話してくださいました。

それで聞き手としては「よかったよかった」とハッピーエンドに安心していると、ポツリと、こうおっしゃいました。

「一応、宗教は入った。同性愛は禁止の宗教が多いから、そうじゃない宗教を探して」

心なしか、そこだけ表情なく口にされたのが印象的でした。

これを聞いて、仲のよい伴侶がいても、最後の心の拠り所が必要なのかと、私は

軽く衝撃を受けました。もしも絶望して、誰も信じられなくなったときの精神的な「安全基地」として、そのトランスジェンダーの方は何かの宗教を選ばれたのです。

誰も信じられなくなったら、最後は神様だというわけですね。

◉日本人の「大きな物語」はこう変化してきた

多くの人が心の拠り所として信じる何かを「大きな物語」といいます。20世紀のフランスの哲学者ジャン＝フランソワ・リオタールが提示した概念です。もちろん日本にも大きな物語があり、時代と共に変化しています。私の分析は、次の通りです。

【日本人の信仰対象の移り変わり】

天皇・貴族（神々の子孫）↓仏（精神的に修行した人たち）↓武士の将軍・殿様（強い人たち）↓近代国家（全体の力）↓会社（仲間と一致団結）↓恋愛対象↓？

もはや国家や会社が信じられなくなった現代では、信仰の対象は「恋愛の相手」になりました。

世の中は、まるで洗脳するかのように恋愛の歌であふれています。現実の恋人に比べると、あまりにも美化されすぎ、愛し愛されすぎです。恋愛ファンタジーの曲を聴きたい人が多いのは、願望が満たされた気になるからですね。

要するに、国家も会社も信じられないけど、隣にいる彼女や彼氏、または恋愛感情にも似た愛情を感じられる「推し」(芸能人)なら信じることができると、みんな考えた。現代日本人にとっては、それらが信仰の対象になったわけですね。

◉これからの「信仰の対象」は……

先述した「日本の大きな物語の変化」において、現代における最新の信仰は、まだ不明な点も多いので「?」としました。でも、「?」の中に入るものは、ある程度予測できます。

おそらく「自分自身」です。なにせ、他にもう選択肢が残っていません。

サバイバル能力のある人なら、自給自足に近い生活をするのもよいでしょう。いくら人間関係を絶っても、自分自身との付き合いは生きている限り残るわけですし。信仰の対象が「自分」の次は、いよいよもう何もないですが、私は先述したトランスジェンダーの方のお話を聞いたとき、これはひょっとすると「信仰のスタート地点に戻る」という流れも、そのうちに来るのかもと感じた次第です。

リュウ博士が考える、「男性を縛る呪い」は解けるのか？

ちなみに、私自身の最後の心の拠り所は「社会システム」です。前述のトランスジェンダーの方の宗教にあたる、精神的な「安全基地」です。

私は男性ですが、**多くの男性がかかっている長年の呪いがある**と思っています。それは**「仕事は責任を持ってちゃんとやる」**です。

こんなことを言うと、「何を当たり前のことを！」と多くの男性が反射的に考えるでしょう。それくらい、仕事をしっかりすることは、一人前の男性なら当たり前すぎる前提なのです。**そんな人は、この呪いが幼い頃から刷り込まれており、何の疑問も持たない**のです。

この前提となる呪いは、結果として「仕事にすべてを捧げる」男性のライフスタイルを生み出しました。

そしてもう一つの結果として、男性は「誰かのお世話がないと生活できない」存在になる流れも生み出しました。

◉かつての日本人男性の一般的な「生き方モデル」とは

仕事だけはしっかりやるが、生活技術のない男性のことを「ケアレス・マン」といいます。ケアとは、人をお世話すること。

保健所や看護、介護現場などで働く人たちを「ケア労働者」と呼びますが、彼らは人の日常生活を援助するプロです。そしてケアレス・マンとは、誰かのお世話をしないし、むしろ誰かにお世話してもらっている男性のことを指します。

仕事に一生を捧げて働く日本の男性のモデルは、長年この「ケアレス・マン」で

した。

日常の家事や育児、介護を妻が担えば、夫である男性は、仕事に専念できます。このような「女性がケアをして、男性は仕事に専念する」という家庭モデルは、現代では当たり前のものではなくなりました。ですが、今でも働き方の多くは「ケアレス・マン」レベル（量が多く拘束時間が長い）を求められている気がします。仕事にすべてを捧げられる人の方が、会社から高く評価されるのですから。

◉「自分のケアは、社会システムに外注できる」

私自身、この「ケアレス・マン」だと思っています。どうしたものかと思っていましたが、実際に一人暮らしをして思ったのは、「現代日本は、社会システムがかなり整備されているので、必ずしも家庭を持たなくとも生きていける」でした。

一定のお金を払えば（含む税金・社会保険料）、社会システムがかなりケアしてくれます。コンビニは24時間開いているわけですし、ハウスキーピングのサービスもあります。親しい人にケアされなくとも、今の自分のままでも何とかなりそうだと、日本社会を心強く思いました。

フルタイムで働くなら、自分が男性であろうと女性であろうと、「ケアレス・マン」になって、「仕事の責任」の呪いにかかります。男女共にケアレス・マンになると、性別にかかわらず、多くの人の私生活に問題が生じる、と予測できます。

でも、私が20代の頃に職場にいた、30代の諸先輩方を見ていると、仕事と家庭、両方しっかりやる、超人的な男性社員も多少いました。みな「仕事の中核的存在」で、かつ「いいパパ」だったのです。

「みなさんすごい……」と尊敬すると共に、「これは自分には無理だ」と早々にあきらめました。そこまで自分は頑張れる体力も気力もないな、と判断したのです。

仕事に専念して、あとは捨てよう。

自分のケアは、社会システムに頼ると割り切ろう。

仕事をこなしながら、私生活まで「いい夫」「いいパパ」をやろうなんて思ったら、自分はあっさり破綻するのが目に見えています。

両立をちゃんとできる男性がいるのはわかっているけど、自分はそこまでやれそうにない。それが、私個人のいつわりない、ぶっちゃけた判断です。

◉私たち団塊ジュニア世代男性の「選択」

さて、こうして自分は「いい夫」「いいパパ」はやらない、と25歳頃には決めましたが、全く口にはしませんでした。個人の自由と言いつつ、自分のこの決心は、社会的には許されないようだと薄々《うすうす》思っていたので。

これから数十年、どうやって周りからのプレッシャーをやり過ごそうか、検討していました。例えば、普通じゃない女性と結婚するなど。

別に他人に理解されたいわけではありません。私にとっては「生き残る」ために最善と判断した人生の選択だったので、「真意は悟られないようにしよう」とだけ思っていました。

私は団塊ジュニア世代で、人口が多いのでベビーブームを起こすと予測・期待されていた世代です。現実には、全く人口は増えず、少子高齢化を決定づけた世代になりました。どうやら私と同じような判断をした人は、思いのほかたくさんいたようです。社会の期待に応えようと思ったら、よほどの頑張りが必要でしたから、無理もないことだと考えています。

「お金が嫌い」「稼ぐことは卑しい」の呪いを解く

「この中で、お金の好きな人はいますか？」

ある大学受験のオープンキャンパスで、経済学部の教授が開口一番そう言ったそうです。教室はシーンと静まり返り、数人だけがおずおず手をあげたとか。すると、教授はこう言い放ちました。

「お金が嫌いな人は置いていってください。僕、大好きですから！」

これは人から聞いた話ですが、私にこの話を教えてくれた友人は、自分自身が知らずにかかっていた「お金の呪い」に気づいたといって、衝撃を受けていました。

◉江戸時代から続く「お金」にまつわる呪い

お金もまた、呪いがかかっているモノの一つでしょう。

「お金を稼ぐことは、卑《いや》しいこと」という暗黙の了解が、長年されているからです。

江戸時代の身分制度が「士農工商」とされているように、お金を稼ぐ商人は、最下級です（正確には、さらにその下に賤民《せんみん》とされた人たちが位置付けられていました）。農作物を育てる農民や、ものづくりをする職人より下だったのです。

◉リュウ博士が、コツコツお金を貯めて気づいたこと

私の場合だと、子供の頃、大人から「うちはお金がない」とくり返し聞かされてきました。親だけではありません。私が接した大人たち全員の口グセだったのです。これにはだんだん腹が立ってきて、「自分だけは決して、お金がないとは言わないぞ」と、私は小学生になる頃には心に固く誓っていました。

それで、コツコツとお金を貯めていたのですが、貯めてみると、面白いことに気づきました。

いつの間にか、お金そのものが好きになったのです。

その理由は、98ページでも述べた、**単純接触の原理**だと思います（単純接触の原理についてもう一度説明すると、人は何度も見たり触れたりしていると、その見たものの触れたものが好きになるというものです）。

私は、極力お金を使わない生活をしていたので、自然と現金が手元に残りました。そのため、お札を触る機会がおのずと増えたのです。結果、すごくお金が好きになりました。

「お金を使うこと」が好きなのではありません。「お金そのもの」が好きになったのです。

◉「キャッシュレス化」と「お金の呪い」の意外な関係

余談ですが、このまま社会でキャッシュレス化が進むと、お金が好きな人も減ることが予測されます。

そして、私たちの買い物をする金額も機会も、さらに増えていくと思います。電子マネーやクレジットカードは、現金決済より具体的な金額がイメージしにくく、ついつい、使いすぎてしまうからです。

お金の呪いにかかってお金嫌いなままだと、今後、浪費は深刻になっていくと予想できます。ぜひ、お金の呪いを解いて、お金を好きになり、お金と仲良くなることをおすすめします。

本当の意味での「稼ぐ体験」を

給与所得者が９割の現代ですから、商品開発に仕入れから販売まで、お金を稼ぐ一連の経験を全てしたことのある人は、大人でも少ないです。それだけ「お金を稼ぐ」ことに心理的な障壁のある方は多いと考えられます。

「『お金が嫌い』の呪い」を解くのは簡単です。先ほど申し上げたように、現金を触っていればすぐに好きになります。

「『稼ぐのは卑しい』の呪い」を解くのも簡単です。**自分で、例えばネットショップなどで何か売ってみればいい**のです。

手軽にできるメルカリで、手元の不要品を売ってみるあたりから始めてもいいでしょう。あるいは、手芸など何か商品をつくって、ベイスやストアーズといったネットショップで販売してみる。占いにくわしいなら、フリーマーケットに出展して占いのお店を出してみるなど、**方法は、今やいくらでもあります。**

こうしたちょっとした挑戦を何回かやってみたら、「お金を稼ぐってこんな感じか」と体でわかります。そうすればしめたもので、稼ぐことへの抵抗はすぐになくなり、むしろ面白くなる人も多いことでしょう、と断言します。

今は会社員や公務員など雇用される側の人が多く、自分自身で稼いだ経験のある人が少ないだけに、とても貴重な経験になりますよ。

「結果がすべて」の呪いを解く

お金の呪いが解けて、お金が好きになると、経営者のように「結果がすべて」と思いがちになります。実際、「結果とプロセス、どっちが大事？」はビジネスでよく聞く議論です。

私はどっちも大事とは言いません。

「プロセスが大事」と断言します。

人は「頑張って」より、「頑張っているね」とプロセスを認められることで意欲が高まります。

もちろん「目に見える結果」に目がいくわけですが、結果はプロセスから生まれます。プロセスを認めずして、結果は出ません。また、結果が出ないと意味がないわけでもありません。

「よくやった」「よくやってる」は、努力の過程で注ぐタイミングの言葉です。いい結果が出たら、赤の他人が認めて賞賛してくれます。近くにいる人だからこそ、認めて賞賛できるのはプロセスしかありません。

◉「結果」にこだわっても、幸せにはなれない

すでに何度も申し上げて耳にタコだと思いますが、「不満（不幸）を減らす欲求」と「満足（幸せ）を増やす欲求」は別物です。

仕事だと「満足（幸せ）を増やす欲求」は仕事そのものから生まれます。つまり、**結果を生むまでのプロセスにこそ、幸せや満足があります。**

いい結果は物理的なものなので、不幸を減らすことにはつながりますが、それが

幸せを増やすかというと、実は違うのですね。

結果にこだわっても、最高でマイナスゼロ。基本、マイナスしかありません。もちろん悪い結果が積み重なると不幸になります。

だからといって「○○をやれ」「すぐやれ」「○○を頑張りなさい」のような結果重視の声かけをされても、マイナスしかない世界に縛り付けられるだけ。これでは言われた方はやる気をなくしてしまいます。

自分で自分を評価するときも、「プロセスに価値がある」と理解して、結果が出るまでの間を大事にすることが、呪いを解き、幸せを得ることにつながります。

「片付け」と「完璧主義」の呪いを解く

「片付けを完璧にできる自分をあきらめた」

こう話したのが、片付けの世界的なカリスマ、〝こんまり〟こと近藤麻理恵さんだったため、世界中で反響を呼びました。

こんまりさんいわく、出産後、体力的にも時間的にも余裕がなくなり、どうしてもこれまでのように片付かなくなったのだとか。この話をされた当時（2023年）7歳、6歳、1歳の3児を子育て中で、完璧に片付けられなくなったとの告白でした。子育て中のお家であれば、そりゃ難しいよねと共感されるでしょう。ただ、言った人があの〝こんまり〟さんですから、相当な覚悟を持っての告白だったと想像します。

◉ためずに出しちゃえ――片付けと呪い

「呪い」という観点で見ると、片付けは呪いを解くことにつながります。モノを捨てる、思い出を捨てる、モノや気持ちをため込まないなど。

ためずに出してしまえば、部屋が片付くだけでなく、呪いも片付くわけですね。

ただ、部屋の片付けは「べきねば思考」「ねばならない症候群」にもつながりがちです。そうすると憑かれを呼び込んでしまう。

こんまりさんの片付けメソッドといえば「自分がときめくモノを残す」と、もう一つ「一気に、短期で、完璧に片付ける」というポイントが中心でした。この完璧主義は、行きすぎると憑かれの原因になります。

人生、完璧になることはありません。なぜなら他人を完璧にコントロールすることはできないからです。

もし仮に他人を完璧にコントロールできるなら、その他人は奴隷か洗脳状態。完璧を実現するには、他人に強烈に呪いをかけるしかありません。

「完璧に片付ける」を提唱し続けたこんまりさんが、完璧をあきらめたのは、ご自身で呪いを解かれた見事な事例だと感服した次第です。同時に「完璧に片付ける」のメッセージは、人を苦しめる面もあったのかもしれませんね。

「絶対に入るな」――禁断の土地の本当の意味

神社を参拝していると、たまに「禁足地」とされる場所を見かけます。立ち入り禁止なので、そこには入りません。

ただ、この「禁足地」の本来の意味は「出てはいけない」です。自宅で謹慎処分にするようなときに使います。**つまり「ここに入ってはいけない」ではなく、「ここから出てはいけない」が本当の意味です。**

神社では禁足地の意味を正しく理解しているはずなので、そう考えると「禁足地の中には誰がいる設定なのだろうか？」と想像してしまいます。もちろん、立ち入り禁止でもありますが、「この中に何かがいる・あるから」立ち入り禁止になっている、と考えるべきなのです。

「禁足地」の設定は、結界の一種です。

外部から立ち入らせてはいけない。
そして内部から出してはいけない。

聖地における禁足地の中にいらっしゃるのは、おそらく「神様」でしょう。あるいは「怨霊《おんりょう》」かもしれませんね。怨霊とは、祟《たた》る霊のことです。

「呪いの解き方」という観点で見ると、**禁足地の中にいるのは自分自身と想像して**

みてください。

一般的に呪いというと、

「呪ってくるあの人から身を守りたい！」

と願われる方が多そうです。

私の聖域に、よこしまな他者を立ち入らせない。もちろんそれもあります。

◉**「呪われる人」は「呪う人」でもある。だからこそ……**

そして、もう一つ大事なことがあります。

「あの人を呪う自分を出さない！」ことです。

他人の聖域に踏み込まないよう、呪う自分を禁足地から出さない。

そして自分で自分を呪わないために、呪う自分を禁足地から出さない。


結界は外部からの侵略を防ぐだけでなく、外部や自分自身への侵略も防ぐのです。

自分自身の内なる調和が、根本的に大事なことです。だからよく寝て、視覚以外の四感を刺激して、心を落ち着かせていれば、そうそう呪いにはかかりません。

呪いが消えそうなあなたにかかる「最後の呪い」を解く言葉

本書も最後になりました。もう呪いは解けましたよね？　少なくとも呪いを解く手がかり・足がかりは得られたと思います。後は、実践するだけ！

最後に、呪いの解き方を理解したあなたにこそお伝えしたい、上級編のお話をします。

呪いにかからない人は、「べきねば」「ねばならない」がないですから、何でもアリで、いろんな自分自身を受け入れ、いろんな他人を認めます。**自分や周りの多様性を、そのまま認められるわけです。**

ところが、こうした多様性を受容「すべき」「せねばならない」と思っていると、引っかかるところが出てきます。多様性を理解したからこそ、こんな呪いの言葉が出てくるのです。

「そんな複雑で奇妙な人は、受け入れてもらえないよ」と。

呪いにかからないような人なんて、気持ち悪いよと。

「ここまで来てそれ言うの？」みたいな話です。

多様性を受容するような政治思想は、少数派の権利を大事にします。その反対にある政治思想は、多数派の権利を大事にします。どちらも理解できる考え方ですよね……となって、「ちょっと待て！」となる人が出てきます。

呪いにかからない状態になると、「どっちもいいし、どっちでもいいよね」になります。なので、ある特定の立場に立つ人から見ると、意味不明だし、いい加減な信用できない人に見えます。

だから、たとえ多様性を受容する考え方について深く理解しても、自分が特定の立場から動く気がなければ「そんな複雑で奇妙な人は、受け入れてもらえないよ。気持ち悪いよ」となるわけです。

呪いが消えそうな人にかかる最後の呪いです。
この最後の呪いを解く言葉はこれです。

「なんでもよくね？」
「好きにすればいいのよ」

ここまで読んでくださったあなたには、「好きにする」の本当の意味もわかっていると思います。好きにすればいいし、何でもいいのです。
ここまでいっぱい理屈を並べた上で申し上げるのは恐縮ですが、難しく考えることはありません。

あなたが〝自分の意思で〟選んだことなら、それは何でもOKなのですから。

【個別解説】「森の神社」11社それぞれご紹介

①上川神社《かわかみじんじゃ》（北海道旭川市）

それぞれ補足しますと、まず北海道旭川市の上川神社を挙げました。北海道のほぼ中心に位置し、神社のある「神楽岡《かぐらおか》」という地は、かつて天皇陛下の「離宮」が建設されるはずの場所でした。

天皇関係のお仕事は、何かマル秘ノウハウでもあるのか、いつもいい場所を見つけてきます。当然、旭川の「神楽岡」も強力なパワースポットです。「旭川」という土地自体、素晴らしく気のいい所ですね。

②湯殿山《ゆどのさん》神社本宮（山形県鶴岡市）

山形の湯殿山神社本宮といえば、日本を代表する修験道の地「出羽三山」の奥宮です。「知る人ぞ知る」という表現がピッタリの場所で、ここで体験したことは

「語るなかれ」「聞くなかれ」の言い伝えがあります。なので、本書でもこれ以上はノーコメント！　ここは写真撮影禁止、参拝は土足厳禁なので、裸足で参拝します。足裏が茶色く汚れますので、足拭きタオルをご用意してご参拝ください。

③磐椅神社《いわはしじんじゃ》（福島県耶麻郡《やまぐん》猪苗代町《いなわしろまち》）

会津の名君・保科正之《ほしなまさゆき》公が信仰した磐椅神社は、猪苗代湖の近くにあります。私は雪の積もる冬場に参拝しましたが、まさに別世界ですね。

近くにもっと大きい土津《はにつ》神社があり、そちらは保科正之公ご自身をお祀りしています。これは、「自分の死後は、磐椅神社のご祭神のおそばで、末社としてお仕えしたい」という、保科公のご遺言あってのことです。保科公は慎み深い方のようなので、自分自身は、おそらくもっと小さな神社を希望されていたのでは……と想像しますが、それだけ後世の人たちに尊敬されていたということなのでしょう。

④三峯《みつみね》神社（埼玉県秩父市《ちちぶし》）

秩父の三峯神社は、神社好きには有名で、関東一のパワースポットだとウワサする人も少なくありません。本書でご紹介するにあたり、同じく秩父にある宝登山《ほどさん》神社の奥宮とどちらにしようか迷いましたが、私の参拝回数がより多い三峯神社にしました。ここが特にいいよとお伝えしたいのですが、言葉で簡単に説明するのが難しい！　できるならば一緒に訪れて、見所を実際にご案内したい神社です。

⑤阿佐ヶ谷神明宮《あさがやしんめいぐう》（東京都杉並区）

阿佐ヶ谷神明宮は、ＪＲ阿佐ヶ谷駅から徒歩2分と、大変アクセスのいい神社です。そんな所にこれほど素敵な森の神社があるのは、都民としてうれしいですね。

こちらの八難除《はちなんよけ》と呼ばれる厄除けのご祈祷は、個人的におすすめです。費用はかかりますが、人生の節目のときなどに「いい体験」になるのではと思います。

⑥河口浅間神社《かわぐちあさまじんじゃ》（山梨県南都留郡富士河口湖町《みなみつるぐんふじかわぐちこまち》）

河口浅間神社、富士山が美しく見えるので有名な河口湖の近くにあります。ここがいかに素晴らしい神社かは、鳥居をくぐればほぼ誰でもわかります。理屈抜きに、見ればわかります。スケールの大きさが段違いですね。

⑦戸隠《とがくし》神社（長野県長野市）

段違いにスケールの大きい神社といえば、長野の戸隠神社もまた行けば理屈抜きにその素晴らしさを実感していただける神社です。

神社参拝というと、こういうご利益がある、参拝したらこんなメリットがあなたにあると、言葉で説明されることも多いですね。しかし、戸隠神社のような自然の恵みあふれる神社に参拝すれば、「とにかくいい」の一言に集約されます。参拝した体験そのものが素晴らしく豊かなのです。

戸隠神社には五つのお社があります。それぞれ素晴らしいのですが、特に隣接する奥社・九頭龍《くずりゅう》社の2社に向かう杉並木の参道は、段違いにスケールが大きく、まさに「とにかくいい」「行けばわかる」とくり返し言わざるを得ません。

⑧瀧原宮《たきはらのみや》（三重県度会《わたらい》郡大紀町《たいきちょう》）

日本を代表する神社は三重県の伊勢神宮《いせじんぐう》。正式名称は、地名を抜いて「神宮」ですが、神宮は125のお社の総称です。内宮、外宮の両正宮をはじめ、14処の別宮《べつぐう》、

43所の摂社、24所の末社、42所の所管社があります。

今回リストアップした瀧原宮は別宮です。別宮は正宮（内宮・外宮）に準じる格式の高いお宮で、境内は内宮とそっくり。たとえるなら内宮から大観光地としてのにぎやかさを取り去った感じでしょうか。

敷地は広大ですが、外宮から車で40分ほどの距離にあるためか、参拝客は少ないです。伊勢神宮内宮・外宮の神聖さに感動した人なら、ぜひ次は瀧原宮にまで足を伸ばしてみてください。境内には4社あり、瀧原宮→瀧原並宮→若宮神社→長由介《ながゆけ》神社の順に参拝します。

⑨皆瀬《かいせ》神社（和歌山県田辺《たなべ》市龍神《りゅうじん》村龍神）

龍神村の皆瀬神社、神社好きでもご存知ない方が多いでしょうか。巨木に囲まれ、龍神村にあった約20社が統合されたので、たくさんの神様が祀られています。

この龍神村の土地自体が、気のいいところ。村を流れる日高川は、中に入って泳げますが、エメラルドグリーンの色が美しく心地いい。龍神村には「日本三美人の湯」で有名な龍神温泉があり、御三家で知られる紀州徳川藩主の別荘地としても栄えました。秘密のおすすめスポットですね。

⑩ 八重垣《やえがき》神社（島根県松江市）

伊勢と並ぶ神社の聖地「出雲」は出雲大社が有名ですが、今回おすすめするのは松江の八重垣神社です。縁結びで知られますが、こちらの神社の奥に広がる「佐久《さく》佐女《さめ》の森」は神秘的です。神社の森がお好きな人なら、きっとご満足いただけるでしょう。

⑪ 槵觸《くしふる》神社（宮崎県西臼杵《にしうすき》郡高千穂《たかちほ》町）

最後に宮崎県高千穂の槵觸神社。難しく見慣れない漢字ですが「くしふる」と読みます。日本神話「天孫降臨」で、天照大神の孫神であるニニギノミコトが、地上を統治する命を受けて降臨したとされる場所です。

鳥居をくぐると、空気感がガラッと変わり、少し暗い森の参道は「おごそか」という表現がピッタリの神社です。

エピローグ

あなたにかけられた「呪い」が「祝福」に変わるとき

「この国において『呪い』は『祝い』と表裏一体だ。きちんと対処することができれば、百物語による『呪い』は『祝い』に転じ、幸福を招く」（『准教授・高槻彰良の推察5 生者は語り死者は踊る』澤村御影、2020年、角川文庫）

本書を最後までお読みくださり、ありがとうございます。

「呪いを解く」お話、いかがでしたでしょうか。

「呪いってなんだか怖そう……」。そう思って読む人も多かったと思います。

「呪われたくない！」と思って読まれた方も、たくさんいらしたでしょう。

でも、あなたも私も呪われています。

それでいいんです。**なぜなら、呪いは、この世と我々を結びつける「鎖《くさり》」であり、「絆《きずな》」でもあるから。**

「鎖」と取ったら呪いですが、「絆」と取ったら祝福です。

生きることの苦しみと喜びが、呪いと祝いです。

本書は、生きることの苦しみを、どう喜びに変えていくかを示した1冊でした。

◉「呪い」に隠された、私たちが幸せになる秘訣とは

私たちは、つい、

苦しまずに、喜びだけを得たいと思ってしまいます。

呪われずに、祝福だけを得たいと思ってしまいます。

ただ、この世にはどちらもあって、呪いは「祝いの種」です。

「呪い」という種から、「祝い」の花が咲き、「祝福」の実が成ります。

だから、呪われている人は幸いです。だって祝福の種がまかれたのですから。

種に水をやり、花を咲かせましょう。

だから、誰かをつい、呪ってしまうことがあってもいいのです。きっとその誰かは、「呪いの苦しみ」を「祝福の喜び」に変えるだけのチカラがあるから。

あなたもそうです。

あなたが誰かにかけられた呪いを、あなたは祝福に変えるチカラがあります。

あなたが誰かにかけた呪いを、その誰かは祝福に変えるチカラがあります。

あなたも私も、みんなにそのチカラがあるのです。


1章にも書きましたが、呪術にかかったとされる人たちは、人が悲しいときと同じ振る舞いをします。「呪い」≒「悲しみ」。

呪いを否定することは、悲しみを否定することです。否定したら、その悲しみは、ずっと心の底に残り続けます。

◉この「強いエネルギー」を味方につけるには？

最後にお伝えする「呪いの解き方」。

それは、自分は「呪ったり、呪われたりしているのだ」と認めることです。認めたら、あなたや誰かの「悲しみ」は変容し、「祝い」や「喜び」に変化するでしょう。

人間の感情って不思議なもので、「ある」と認めたら、「無く」なります。「私は悲しんでいる」と認めたら、その悲しみは、悲しみ以外の何かに変わる。その悲しみが持っていた「強いエネルギー」はそのままに、喜ばしい何かになるのです。

人間の精神が持つ「強いエネルギー」は、破壊にも創造にも、不幸にも幸福にも、大いにチカラを発揮します。

特に呪いは「強いチカラ」を持ちます。この呪いを「無いこと」にすると、その強いチカラは破壊的な方向に暴走します。自分で自分や周りを不幸にしていきます。どうにかしたいと思っても、その呪いは「無い」ことになっているから、どうしようもない。コントロールできないのです。

◉「ある」と受け入れ認めたら、人生大逆転！

でも、「ある」と認めたら、こんなところに私は「呪い」≒「悲しみ」を抱えていたのだと観測できたら、その「呪い」の強いチカラは、「祝い」の強いチカラに変わります。**気づいてもらえたことそれ自体が、うれしいし、喜びなのですね。**

そうしたら、呪いが持っていた強いチカラは、建設的な方向に使われます。自分も周りも幸福にしていきます。

呪いは、この世を強力に動かす「精神的なエネルギー」です。

本書を読まれた方は、この強いエネルギーをよりよい方向に使って、ご自身や周りをさらに幸福にされることでしょう。

呪いのトリセツ、どうぞご活用ください。

2023年7月

リュウ博士こと八木龍平

参考文献

『癒しと呪いの人類学』板垣明美著／春風社

『子どもが幸せになることば』田中茂樹著／ダイヤモンド社

『モラル・ハラスメントの心理』加藤諦三著／大和書房

『自由からの逃走』エーリッヒ・フロム著／日高六郎訳／東京創元社

『マズロー心理学入門―人間性心理学の源流を求めて』中野明著／アルテ

『生き心地の良い町―この自殺率の低さには理由（わけ）がある』岡檀著／講談社

『愛するということ』エーリッヒ・フロム著／鈴木晶訳／紀伊國屋書店

『ソリューション・フォーカス―組織の成果に直結する問題解決法』
マーク・マカーゴウ、ポール・Z・ジャクソン著／青木安輝訳／ダイヤモンド社

『成功している人の部屋はなぜきれいなのか？』八木龍平監修／宝島社TJ MOOK

『心を整える。―勝利をたぐり寄せるための56の習慣』長谷部誠著／幻冬舎

『[図解]頭がよくなる 朝、10分の習慣』川島隆太著／PHP研究所

『エネルギー論――未来を創造して人生を遊び尽くす！』吉良久美子著／廣済堂出版

『常用字解[第二版]』白川静著／平凡社

『しくじりをした人は、なぜ神社に行くと大成功するのか？』八木龍平著／サンマーク出版

『呪いの言葉の解きかた』上西充子著／晶文社

『三峯、いのちの聖地』中山高嶺著／MOKU出版

『愛着障害の克服―「愛着アプローチ」で、人は変われる』岡田尊司著／光文社

『犯罪心理学者が教える子どもを呪う言葉・救う言葉』出口保行著／SBクリエイティブ

参考・引用論文

- 石井研士「神社神道と限界集落化」神道宗教, 237号, pp.1-24.
- 伊藤高弘・窪田康平・大竹文雄「寺院・地蔵・神社の社会・経済的帰結：ソーシャル・キャピタルを通じた所得・幸福度・健康への影響」ISER Discussion Paper, No.995,pp.1-37.
- Tania Singer et al. (2004). Empathy for Pain Involves the Affective But Not Sensory Components of Pain. Science, Vol.303(No.5661), pp.1157-1162.
- 岡嶋克典「視覚情報によって誘発されるクロスモーダル効果」映像情報メディア学会誌, 72巻1号, pp.8-11.
- 奥谷文乃「嗅覚刺激療法の有用性」The Japanese Journal of Rehabilitation Medicine, 58巻12号, pp.1356-1360.

- 山本由華吏ほか「香気成分セドロールが睡眠に及ぼす影響」日本生理人類学会誌, 8巻2号, pp. 69-73.
- 水野一枝「環境温湿度と睡眠」睡眠口腔医学, 2巻2号, pp.89-93.
- McCraty R. (2004). The Energetic Heart: Bioelectromagnetic Communication Within and Between People. In P. J. Rosch & M. S. Markov (Eds.), Bioelectromagnetic medicine (pp. 541-562). New York, NY: Marcel Dekker.
- 鈴木春菜·藤井聡「『地域風土』への移動途上接触が『地域愛着』に及ぼす影響に関する研究」土木学会論文集D, 64巻2号, pp.179-189.

参考WEBページ

- 『【壮絶】昔の野球環境が現代と違いすぎてスタッフ驚愕』落合博満のオレ流チャンネル
  https://www.youtube.com/watch?v=Ur9j5Ae--VQ
- 『そこにある「SNSの呪い」に、皆まだ気づかない』岩崎夏海／東洋経済オンライン
  https://toyokeizai.net/articles/-/84943
- 『他人がまき散らすストレスに“感染”しない4つの方法』ショーン·エイカー、ミシェル·ギラン／DIAMOND ハーバード·ビジネス·レビュー
  https://dhbr.diamond.jp/articles/-/3826
- 『自殺リスクの低い社会の実現に向けた取組について』山梨県福祉保健部健康増進課
  https://www.pref.yamanashi.jp/kenko-zsn/documents/r3_shiryou6-1.pdf
- 『不安を鎮めるスゴい方法6選【精神科医·樺沢紫苑】』精神科医·樺沢紫苑の樺チャンネル
  https://www.youtube.com/watch?v=qQLojFkExsw
- 『祝いの言葉と呪いの言葉の違い』しいたけ．のブログ／Amebaオフィシャル
  https://ameblo.jp/shiitake-uranai-desuyo/entry-12580914475.html
- 『CAF World Giving Index 10th Edition』Charities Aid Foundation.
  https://www.cafonline.org/about-us/publications/2019-publications/caf-world-giving-index-10th-edition
- 『第三話 お酒でダメになる選手続出。飲酒すると球速が落ちる』デーブ大久保チャンネル
  https://www.youtube.com/watch?v=SMYPLpNvPYM
- 『脳波から分かったプラズマクラスター技術の新たな効果』満倉靖恵／SHARP
  https://jp.sharp/plasmacluster-tech/closeup/closeup01/

八木龍平（やぎ・りゅうへい）

京都市出身。博士（知識科学）。社会心理学者にして神社の案内人。同志社大学卒業後、NTTコムウェアのSEを経て、北陸先端科学技術大学院大学に進学し博士号を取得。2006年、博士論文の執筆で追い込まれていた深夜、自室に仏様の映像が現れ、メッセージを聴くという神秘体験をして以来、スピリチュアルな感覚が開花。その後、富士通研究所シニアリサーチャー、北陸先端科学技術大学院大学・客員准教授、青山学院大学非常勤講師、武蔵野学院大学・兼任講師を歴任。「科学とスピリチュアルの視点」を掛け合わせた独自の視点で執筆した『成功している人は、なぜ神社に行くのか?』が28万部を超えるベストセラーに。現在は、“リュウ博士”の愛称で、書籍や雑誌の執筆、オンラインサロンの運営、全国の企業・団体での講演会などで活躍中。全国各地で開催している神社ツアーも好評を博している。

これまでの著書に『成功している人は、なぜ神社に行くのか?』（サンマーク出版）、『あと少し「直感」を生かすと人生が変わる!』（三笠書房《王様文庫》）、『成功している人のスキマの法則』（扶桑社新書）、『最強の神様100』（ダイヤモンド社）など多数あり、著作累計は47万部を超える。

［インスタグラム］@ryuheiyagi
［公式LINE］@808audud

［Youtubeチャンネル］
リュウ博士の
見えない世界の
歩き方

運気《うんき》が整《ととの》いラクになる!
あなたにかけられた「呪《のろ》い」のとき方《かた》

2023年8月1日　第1刷発行

著者　八木龍平《やぎりゅうへい》
発行者　佐藤靖
発行所　大和《だいわ》書房
〒112-0014
東京都文京区関口1−33−4
電話 03−3203−4511

装丁　金井久幸（TwoThree）
カバーイラスト　ゆの
本文イラスト　大沢かずみ
校正　くすのき舎
本文印刷　信毎書籍印刷
カバー印刷　歩プロセス
製本　小泉製本

ISBN978-4-479-77243-9
乱丁・落丁本はお取替えいたします
http://daiwashobo.co.jp